歷史的一半是女人

鑑

先抖內才能一睹芳容×
沒過這六關休想娶公主×從青樓搖身一變成將軍

賈 飛・著

目錄

目錄

唐

五代十國

宋

元

明

清

民國

目錄

前言

寫這本書的原因很偶然，由於平時喜歡看歷史書籍，發現書中的許多地方都不怎麼好看，似乎有一種複製貼上，生硬不通順的感覺，這可能是因為寫作者大多是學者教授，而不是文學作家，他們的思維方式更傳統、缺少創新罷了。於是我心裡想著，怎樣的歷史著作會更好看，又不會缺乏嚴謹的治學態度和詳實的史料支持？經過思索我找到了答案，那就是《史記》所用的手法，用文學化的語言、通俗化的表達、新穎的視角、帶有點評色彩的方式去闡述歷史，這樣更容易打動人。

有了這一想法後，我嘗試著寫了幾篇短文，很快就被各地的報刊採用，其中幾家報刊還邀約撰寫專欄。後來，一次吃飯時內人對我說，歷史大咖怎麼都是男人，為什麼不寫女人呢？天下有一半是女人的！當時我聽了覺得很有道理，是啊，歷史要是缺少了女人，就不完整了。於是，我便開始著手寫歷史上那些優秀的女人，書寫她們的愛情、家庭、事業……

這本書的創意原始而又簡單，就是想在浩瀚的歷史時空中，擷取那些時光凝成的精華，把發生在其時其地的那些個性鮮明的女性、那些影響深遠的歷史事件、那些傳承至今

前言

的歷史典故串聯起來，用講故事的方式呈現給您，讓您在愉快的旅途中、茶餘飯後的閒適中、忙碌工作的餘暇中輕鬆地閱讀，讓她們身後蕩氣迴腸的故事浮出水面。

或許這部歷史散文集在典型人物的選擇和背景的敘述上帶有較濃厚的個人情感，例如，我將元代的四大才女置於武夫治國的壓抑背景下，民國時期我僅選取了張愛玲一人等，但這恰恰是我態度的展現——她們都是經過精挑細選、體態容貌出眾的女子。她們中，或以貌取勝，或以才超群，或以政傳世，她們是灰暗的男權歷史中的大咖，演繹出一場場華麗與悲壯。

本書的出版無關乎版稅，更多的是我與編輯的友情和對讀者的一種情懷。令人喜悅的是，這本書就要與讀者們見面了。無論好與壞，我想它都是自己辛勤工作的成果，就像一朵在空中飄搖的蒲公英，最終都會找到適合它的土壤，也最終會遇到欣賞它的讀者和知己。

歷史的一半是女人。以此勉勵所有的女性朋友！

賈飛

先秦

西施——帝王懷中的玩偶

美女一直是令千古男性最神魂顛倒的可愛尤物，讓人神往而留戀。自古以來，在筆者印象中，春秋戰國時的西施倒可以稱得上是天下第一美女。可惜，歷來紅顏薄命，如此傾國傾城的女子，也不過淪為帝王懷中的玩物罷了。「絕代有佳人，幽居在空谷」，這是杜甫對佳人的深刻闡述，令無數文人充滿遐想。但是，佳人命薄，在戰爭年代，不管她是閉月羞花，還是沉魚落雁，也終究逃不過命運的魔掌和權力的擺布，西施則是最典型的一位。

家境雖貧寒，婀娜又多姿

要了解西施何以為典型，我想應該首先了解她的家境和出身。在現今，都市美女一般都和化妝有關，霓虹燈下臺上的美女，看上去不少是光鮮亮麗，特別動人，但大多臉上塗了一層薄薄的胭脂水粉。就連報考藝術學院的高三畢業生，也都是濃妝豔抹，花枝招展，其美貌更多的是脂粉所堆疊出來的。而古典美女西施，她卻是真正的「清水出芙蓉，天然去雕飾」。

西施的名字最開始並非如此，而是叫施夷光。她家世世代代居住苧蘿村，現今浙江省諸暨市境內。當時，她住的鄉有東西兩個村子，施夷光因為住在西村，所以被叫做西施。

史料中記載，西施的父親以賣柴為生，母親則在家浣紗。這樣平常的農民家境，要想穿上好衣服，買優質的化妝品，繫上精緻的圍巾，是萬萬不可能的。儘管西施家境貧寒，但並不影響西施的天生麗質，傾國傾城。後世曾有文人根據西施之美，編造了一個傳說，稱西施是珍珠的化身。傳說嫦娥仙子有一顆明珠，她十分喜愛這顆明珠，常常和仙女們一起把玩。平時她出差時，便命五彩金雞日夜守護，生怕遺失。身為手下的金雞對明珠更是喜愛，由於牠身分低微，不能像嫦娥那樣放在手中把玩，於是心生一計，趁嫦娥不在宮中時，便偷偷將明珠含在口中，躲到月宮後面的隱蔽處悄悄玩賞，心情不用說有多高興了。哪知出了意外，金雞一不小心，明珠從牠口中掉下，從月宮一直滾落，直接飛入了人間。這一下闖禍了，金雞不知所措，牠為了逃避責罰，只得逃離月宮，希望到人間去找回明珠。回宮之後的嫦娥得知明珠遺失，非常生氣，便急命玉兔去追趕金雞。玉兔穿過九天雲彩，一直追到浙江諸暨浦陽江上空。這時，浦陽江邊山下剛好有一施姓農家之妻正在浣紗，忽見水中有顆光彩耀眼的明珠，急忙伸手去撈，明珠卻像長了翅膀直接飛入她的口中，並鑽進腹內。施妻從此有了身孕，十六個月之後也不見分娩。一日，一隻五彩金雞從天而降，停在屋頂，頓時屋內珠光萬道。這時，施妻竟突然生下一個耀眼美麗的女孩，取名為施夷光。金雞與玉兔看到這情景，也沒了辦法，只得回到了月宮，接受嫦娥處罰。自此故有「嘗母浴帛於溪，明珠射體而孕」之說。

當然，上面提到的故事僅僅是神話傳說，不值一信。不過，有史料卻這樣記載，民間少女西施當時確實漂亮，她美得令男人一步三回頭，令女人羨慕嫉妒恨，最典型的一個例子就是「東施效顰」。由於施夷光住在西村故被稱為西施，在東村也居住著一位女子，可惜這個女孩並不美麗，反而異常醜陋。雖然長得醜，但東施卻沒有自知之明，總想效仿西施的一顰一笑，希望自己也能美麗動人。比如《莊子．天運》中就記載：「故西施病心而顰其里，其里之醜人見而美之，歸亦捧心而顰其里。」翻譯成白話就是：傳說西施由於有心絞痛，發病時會捂住心口緊蹙娥眉，同村醜女東施見到西施發病時的神態認為很美，此後也在村裡捂住胸口皺眉。是的，這個醜女見了西施皺眉時很美，卻不知道西施為什麼而美麗，她以為學習西施的模樣，自己也會變美，可見其是自欺欺人也。史料還記載，東施的醜在當時家喻戶曉，有妻兒的男人見了她，則會厭惡地拉著妻兒就跑。

年輕的西施常常在溪邊浣紗，婀娜的身姿，輕柔的細紗，純淨的溪水，三者融為一體，令人心馳神往。唐代大詩人李商隱對西施的美貌痴迷，特地乘船到浙江省諸暨市去尋找西施浣紗的遺跡，希望可以在溪水之畔找尋到西施的麗影，可惜佳人已逝，不復再生。李商隱對於西施的穿越之愛，也就只能寄託在他的詩篇之中。

越王為私利，獻上醉美人

如果沒有戰爭，西施可能會是太平年代一位平凡的農家女子，她可能會因為自己的美貌嫁給富裕的官紳之家，自此過上幸福而快樂的生活。她也可以一生居住在西村，與民夫為妻，成為永遠美麗的一枝村花。但是，她遇到了可惡的戰爭，遇到了越王勾踐與范蠡。從此，她的命運將不再由自己掌控，而是被當權者擺布，這是一件多麼悲傷的事呢！

當時，吳王夫差為父報仇，派兵攻打越國，橫行千里，一舉取得勝利，並將越王勾踐逼到了會稽山上。面對即將國破家亡的局面，越王勾踐驚慌失措，不知如何是好。身為他最信任的謀臣范蠡這時出了一個計策，他針對吳王的好色，在越國遴選最美麗的女子進獻，希望透過「美人計」改善越國的處境。

於是，越王開始在全國海選美女，遠近聞名的大美女自然被選中。在海選的過程中，出現了一段小插曲，此事後來還成了文學典故。當時，海選過程中，西施力壓眾人，成功名列榜首，成為越國「第一枝花」。被選上之後，西施很快就被送往越國首都進行訓練。

在進京途中，西施之美驚煞眾人，他們爭相圍觀，造成交通堵塞，車輛寸步難行。護送西施的越國宰相范蠡，見此盛況，便將計就計，索性叫西施住進路旁旅社的一幢亭樓，然後四處張貼告：「欲見美女者，付金錢一文。」告示貼出，全城轟動。西施登上朱樓，憑欄而立，真是「此女只應天上有，人間哪得幾回見」！前來觀賞的市民排成長龍，為能一睹西施芳容，紛紛慷慨解囊，有的竟來回付兩三次之多，真是「一看傾城，二看傾國，三看傾我心」。數天下來，范蠡所得金錢無數。西施也在這時看到了范蠡的才華，對其仰慕有加，也為後來「西湖遊」一說提供了佐證。不過，那都是後話了。

到了京城的西施，便與另一位有名的美女鄭旦一同由專人加以教導訓練，習成之後便獻給了吳王夫差。有關史料上稱：「西施毅然由越入吳。」我想，這恐怕是個別的歷史學家在那裡無根據的揣測。身為正常的女子，有誰願意去敵國做別人的肉慾工具呢？

當然，西施去了吳國後，相對來說比較幸運。由於吳王夫差的確喜好女色，又見西施美貌無比，對其十分寵愛。在吳國首都姑蘇，西施的生活可能是她一生中最優逸、最受寵、最高貴的時光。而鄭旦可就沒西施那樣的待遇了。吳王為了厚待西施，便想方設法為她提供奢華的生活。史料記載，吳王在姑蘇建造春宵宮，築大池，只為與西施共洗鴛鴦浴。同時，吳王夫差還為西施建造了表演歌舞和歡宴的館娃宮、靈館等。

據稱西施擅長跳「響屐舞」，夫差就特地為她築「響屐廊」，排列數以百計的大缸，上鋪木板。西施穿木屐起舞，裙繫小鈴，舞蹈起來的鈴聲和大缸的迴響聲「錚錚嗒嗒」交織在一起，好一派歌舞昇平的淫樂場景。

國破城淹沒，沉江魂蕭索

然而，吳王夫差萬萬沒有想到，自己曾經是打敗越國戰無不勝的雄主，當時領軍打得越王勾踐下跪求饒，還讓其當了幾年的奴隸。越王勾踐在最落魄的日子裡，居然還吃過吳王夫差拉出的糞便，幫助御醫探察吳王夫差的病因。「三十年河東，三十年河西。」誰也說不清，後來越王勾踐臥薪嘗膽，透過與民共苦，越國竟悄悄變成了一個強大的國家，還居然派兵攻打吳王報仇。吳國士兵驕傲無比，很快就被越國打敗，吳王夫差也成了亡國奴。清朝大文學家蒲松齡參考該歷史典故，還特地寫了一副鼓舞人心的對聯：「有志者，事竟成，破釜沉舟，百二秦關終屬楚。苦心人，天不負，臥薪嘗膽，三千越甲可吞吳。」

吳國的滅亡，使得西施的命運再一次發生了翻天覆地的變化，她從此不能被吳王夫差捧在掌心、抱在懷裡，也不能與夫差共洗鴛鴦浴，不能乘上青龍舟欣賞秀麗的風景，更不能與吳王夫差泛舟採蓮，騎馬打獵……等待西施的，將是掙脫不掉的可悲歸宿。

當然，也有史學家稱，西施早猜到了自己的結局。因為，她到吳國，其實就是當頭號色情間諜，目的是迷惑吳王，讓其沉迷於女色，忘記國政。吳國的軍事機密，西施伺機向越國傳遞，並挑撥吳國的君臣關係，特別是夫差與伍子胥的關係。夫差賜劍令伍子胥自殺，也有西施離間的功勞。因此西施是勾踐滅吳雪恥的功臣之一。明代西施祠就有楹聯云：「越錦何須衣義士，黃金祗合鑄嬌姿。」但是，無論是間諜，還是情慾工具，對於西施個人而言，卻是一個悲劇，因為等待她的將是被上層拋棄的現實。

西元前四七三年的冬天，吳國首都姑蘇城，也就是今天江蘇省的蘇州市，被奔襲而來的越國大軍攻破，吳國滅亡。春秋時大美女、吳王夫差的寵妃西施的人生軌跡戛然而止，迅速沒入了歷史的黑暗之中。

吳國滅亡了，西施卻被心狠的越王勾踐殺掉沉江。東漢范曄所著《吳越春秋》稱：「越浮西施於江，令隨鴟夷而去。」鴟夷，是皮革製成的袋子。不知是什麼原因，越國處死西施的手段，與夫差當年處死伍子胥的手段何其相似。這兩個所謂的君王，談不上仁義和友善，不過是心狠手辣的政客而已，他們發起的所謂戰爭，僅僅只是為了追逐自己的利益和權力。

西施被裝進皮革袋子投入江中了，至於她是被吊死後再裝進皮袋，還是活活被塞進皮袋投入江中，范曄未作交代。但是，既然西施被稱為越國滅吳的功臣，又怎麼會被如此殘忍地殺害呢？我想，越王勾踐這種為達復仇目的而使用美人計，他認為恐怕是過於下流，便要殺人滅口吧。自古有多少兵卒被當成工具與棋子，最終不都是兔死狗烹嗎？

當然，清代大歷史學家蔡元放所著的《東周列國志》則將殺死西施的責任推給了越王夫人。該書記載，越王勾踐早在范蠡將西施從苧蘿山載回都城時，就垂涎其美色，但為了雪恥滅吳，只好強忍色慾，忍痛割愛。而吳國已滅，夫差已死，大仇已報，他就可以大張旗鼓地把美女接回。但西施的歸來，非常明顯地威脅到了越王夫人的地位。雖然出身不高，但西施的美貌、貢獻，以及作為「戰利品」的分量都是不容置疑的，西施自然成了越王夫人的眼中釘，必須除之。畢竟越王夫人怕殺掉了老公的心頭肉，以後不好交代，便打出愛國的旗號，發表告老公及滿朝文武書：「這種亡國的禍水，還留著她做什麼？」於是，她將幹掉情敵的行動上升到關係國家生死存亡的高度，不但越王無奈，滿朝文武也覺得有道理了。《東周列國志》畢竟是歷史演義，蔡元放先生又是清朝人，離戰國時代的時間太遠，所述故事雖然順理成章，但西施是否被勾踐的太太所殺，卻缺乏有力的史證，筆者也不太相信這一說法。

戰國時的墨翟先生所說或許更可靠一些，因為越王滅吳後數年，又把國都遷至琅琊（今山東省諸城市），由於他們的時代相隔較近，墨翟先生對吳越爭霸的歷史當然更為清楚。他將西施之死與比干、孟賁、吳起並列，以證明他們都是因為過人的美德、才幹、長處而死，而西施的慘死，是因其美貌所致，因而正面揭露了暴君的虛假面孔，批判了獨裁者的可惡嘴臉。

無論怎樣，歷史上的西施最終還是死了，她死得很悽慘、很悲壯，其美麗動人的身體隨風消失在茫茫的大江之中，但她的傳奇故事卻永遠留在人們心中。

文客多痴情，但信西湖遊

然而，西施的死並沒有讓眾多文人騷客死心，他們基於對西施的傾慕，對美女早逝的遺憾，對弱者的同情，又創作出令人溫暖的動人文章。最早的記載來自於東漢袁康的《越絕書》，說吳亡後「西施復歸范蠡，同泛五湖而去」。

明代的胡應麟也在《少室山房筆叢》中提出了新的說法，也進行了藝術上的「豐富加工」。他演繹出一個新的情節，那就是西施原是范蠡的戀人。范蠡生於楚國，出生在布衣之家，卻有曠世奇才。天才總是孤獨而令人誤解的。楚國人就把范蠡視為瘋子，意料之中，范蠡在楚國混得很不好。無奈之下，范蠡便邀好友文種一起離開楚國，東去越國，成為越國稱霸的最大功臣。但是，為人精明的范蠡發現越王勾踐為人薄情寡恩，自私自利，只能共苦，不能同甘，便又相約文種離去。文種不願離開成功的事業，范蠡就更名改姓，帶著漂亮的西施泛舟齊國。後來，范蠡到了陶地，醉心生意，經商有道，成為巨富，自號陶朱公，成為天下最有實力的富豪。民間尊陶朱公為財神，還常常燒香祭拜。西施跟了范蠡這個名利雙收的大人物，後半生真是幸福快樂，常常泛舟西湖，過著神仙般的日子。

明朝另一位文學家梁辰魚也寫了一個劇本叫《浣紗記》。梁辰魚是崑山人，《浣紗記》是崑腔早期的奠基作之一，該劇開頭是范蠡遊春在溪邊遇浣紗女西施，一見鍾情，結尾則說兩人躲禍遠遁。當然前面也已經提到，在范蠡護送西施進京的途中，西施就被范蠡的才華所傾倒，心中也暗生仰慕。范蠡也曾交代：「我實霄殿金童，卿乃天宮玉女，雙遭微譴，兩謫人間。故鄙人為奴石室，本是夙緣；芳卿作妾吳宮，實由塵劫。今續百世已斷之契，要結三生未了之姻，始豁迷途，方歸正道。」此處很傳奇，居然稱范蠡和西施都是下凡的仙人，早在天上時他們就已經相戀，在人間他們只不過是久別重逢罷了。

當然，有關西施與范蠡雙宿雙棲的說法在文學作品中比比皆是。就連唐朝大詩人李白也稱西施「一破夫差國，千秋竟不還」。宋朝詞人蘇東坡則寫得更為明白：「五湖問道，扁舟歸去，仍攜西子。」兩位大文豪都認為范蠡、西施這對愛侶駕一葉扁舟，優遊五湖而逝。

不過，總而言之，筆者認為這終究是文學作品，只是文人們的一廂情願，並不能算作真實的歷史。但是，西施的人生傳奇卻永遠未曾被後人忘記。

此時，筆者不禁感慨：如果西施沒有遇到范蠡與勾踐，那麼她或許終生在溪邊浣紗，以她的美麗和智慧，可能會成為歷史上民間秀色的典型代表，也可能會成為江南美女的代名詞。但遺憾的是，民女雖美，卻終究是弱者，永遠也抵不過政治。殘酷的現實將她拉進了奔騰浩蕩的歷史長河，從此成為一縷青煙，為天下人惋惜和懷念。

漢

呂雉——女人報仇，照樣十年不晚

提起呂雉，許多人腦海中都會浮現一個惡毒醜陋的悍婦形象，想起她將漢高祖劉邦的寵妃戚夫人刑做人彘的殘忍行為，將她認作蛇蠍心腸的最佳代表，對這個中國歷史上有文字記載的第一位皇后深惡痛絕。然而，我們發現一代史學大家司馬遷對她的評價卻極高，在《史記．呂太后本紀》中說她在位期間「政不出戶，天下晏然；刑罰罕用，罪人是希；民務稼穡，衣食滋殖」。那麼，呂雉究竟是怎樣的一個人呢？她的一生中經歷了怎樣的事情？是什麼樣的事情讓她變得如此心狠手辣？讓我們隨著歷史一一去探尋。

白富美下嫁風流小吏

呂雉，又稱漢高后、呂后、呂太后，西元前二四一年出生在山東單父縣（今山東省單縣），字娥姁。呂后的父親，姓呂名文，字叔平，山東單縣人，被人們稱為「呂公」。據《史記》對呂公家居沛縣的記載「沛中豪杰吏聞令有重客，皆往賀」可以看出，呂公不是一般的客人，是重客，而且還是縣令的重客，縣令來了這樣的客人，沛縣的豪杰和當官的都前去祝賀。在古時候，有錢並不意味著顯貴，更不可能讓當地的豪杰和官吏都紛紛趕來結交，可見，呂家不是小門小戶，至少在沛縣也算得上顯貴之家。所以，呂雉可以說是一位公認的大家閨秀。

那麼呂雉嫁給劉邦就是典型的「下嫁」。

首先劉邦是農民出身，好吃懶做還是個酒色之徒；其次劉邦當時職務很小，據史書記載，他只是秦朝沛縣的一個鄉村小吏，職務是泗水亭長，也就是一個村管治安的警察；三是劉邦出生於西元前二五六年，而呂雉生於西元前二四一年，劉邦比呂雉大了整整十五歲。也就是說一個三十多歲成天不務正業、花天酒地的登徒浪子娶了一個如花似玉的顯貴美女，這要放在今天來看都是很難想像的。

那麼，門不當戶不對的劉呂兩家是怎麼結成姻緣的呢？這要從劉邦口出的一句狂言說起。

話說當時沛縣的豪傑、官吏聽說縣令家裡來了貴客，紛紛前來喝酒祝賀。負責收禮金的蕭何通知大家，送禮金不滿一千錢的人，不能到堂上喝酒。當時一千錢是什麼概念呢？據記載，秦朝一個縣令一年的俸祿才幾千錢，這吃一次酒就相當於吃掉一個縣太爺幾個月的薪資。那算得上是一頓名副其實的高價飯，也再次證明呂公家裡可不是一般的普通家庭。劉邦這個酒色之徒，聽說縣令家裡來了貴客，也屁顛屁顛地跑來吃酒，而且還自報說：「我送一萬！」一個小小的亭長，十年的薪資加起來都不到一萬，居然放出此等豪言，誰信啊！正當堂上的富豪們大聲嘲笑之際，頗見過大世面的呂公卻暗想，這個小吏不一般，竟敢當眾撒謊，且待我出去看看。

這一看，呂公非常震驚。眼前這人身長七尺八寸，按秦朝的尺寸算相當於今天的一百八十公分。呂公平時喜歡給人看相，心想，這人長得氣宇軒昂，長頸高鼻，美髯飄飄，可不是凡夫俗子之相，趕緊迎入廳內，並且還讓劉邦坐在滿座權貴的上席。等到一屋子客人都走了之後，呂公更是拉住劉邦說：「我有一個女兒，想許給你為妻，希望你不要嫌棄。」劉邦一聽，心想還有這種好事，趕緊答應下來。

對於這門門不當戶不對的親事，雖然呂太太不答應，但在古時候都是父親、丈夫說了算，於是呂雉和劉邦不久便結婚了。

從大小姐到階下囚的無怨蛻變

貴小姐呂雉嫁給劉邦後，沒多久，她就為劉邦生下一兒一女。身為亭長的劉邦，除了偶爾請假回家探視外，大部分時間都住在泗水亭中。而且，婚後的劉邦卻還和先前一樣，經常和三朋四友在外喝酒聚會，無聊的時候還自己做了一頂竹帽子到處閒逛，三天兩頭見不到人影。可是當時劉邦家裡早已分家，自己只分得了幾畝薄田，而且他做亭長的薪資還不夠他一個人吃喝，哪裡顧得到家裡。然而富家女呂雉並沒有像一般的小女人一樣又吵又鬧，甚至離婚。雖然平時有娘家接濟一點，可是時日一久也不是辦法。於是呂雉便帶著自己的兩個孩子，親自下田種地，養蠶織布，侍奉公婆，苦苦經營著自己的這個小家。

然而沒想到，天有不測風雲，人有旦夕禍福。當時身為泗水亭長的劉邦，雖然平時沒個正經，但拿著小村官的薪資也得做點實實在在的事情。

西元前二四六年，秦始皇開始在驪邑南面的驪山腳下修建自己工程浩繁、龐大華麗的巨塚。直到秦二世元年，也就是西元前二〇九年，朝廷還在下詔讓各郡縣遣送罪犯到驪山去增修始皇的陵墓。而身為亭長的主要任務之一就是負責往驪山押送本地服勞役的人，於是劉邦和一群囚徒一起向驪山出發了。然而，「徒多道亡」（《史記．高祖本紀》），至於勞役們跑了的原因，有書稱，是因為劉邦自己喝醉了酒。這下可不得了了，秦朝法律本來就嚴苛，要是途中有這麼多人逃跑，其他人即使到了驪山估計也免不了一死。劉邦心想，反正跑都跑了，橫豎都是死，還不如將大家都放了，或許還能各謀生路。看到劉邦的這一舉動，有些勞役很感動，心想死馬當活馬醫，反正跑到哪裡都過不了安定的日子，還不如跟著這個長相不凡的亭長，說不定還能混出個名堂。於是一些囚徒便和劉邦一起逃到了芒碭山（今河南省永城市）裡，落草為寇。

俗話說，跑得了和尚跑不了廟，劉邦自己逃走了，可憐的呂雉卻因為丈夫遭牽連，被抓進了大牢。當年的大小姐現在卻進了監獄，又沒有錢打點，於是監獄裡面的獄卒仗勢欺人，常常辱罵嘲諷呂雉，並且罵得十分難聽。幸好當時監獄裡有一個叫任敖的獄卒，平日和劉邦稱兄道弟，在知道兄弟的妻子下獄後，對她很是關照。但是話又說回來，關照歸關照，在監獄裡的日子還是很苦的，而且呂雉還要擔心自己的兩個孩子、公公婆婆和自己的丈夫，不知道他們現在在哪裡、怎麼樣了。

過了一段時間，身為沛縣衙門差吏的蕭何去為呂雉說情，說呂雉是個婦道人家，丈夫工作上的事情她一點也不知情，都是劉邦的錯，如今，讓她一個女人來頂男人的罪，不大合適。況且她上有老，下有小，一大家人都指望著她照顧呢！不如我們把她放了，還能展現您體恤百姓，寬厚仁愛。縣令一聽，正合心意，心想呂家本來就和他交好，雖然當年跟呂公說媒讓他把呂雉嫁給自己，他沒答應，但是他和呂公好歹也是相交多年的兄弟，如今兄弟的女兒進了自己的監獄，多少還是該關照點。於是縣令欣然同意，呂雉便被釋放回家了。

當年身為大小姐的呂雉下嫁給劉邦，不僅沒有驕傲蠻橫的小姐脾氣，反而「嫁雞隨雞，嫁狗隨狗」，嚴守婦道，勤懇持家，孝順公婆，撫養一雙兒女，真算得上賢良淑德，是一個難得的好妻子。

顛沛流離中結下情愛恩怨

嫁給劉邦，呂雉的生活注定是不平靜的。

西元前二〇五年，劉邦率領的漢軍趁項羽陷入齊地無法自拔之際，輕而易舉地攻下了楚都彭城。當時彭城的所有精兵都隨著項羽攻打齊國去了，整個彭城就只剩下幾個守兵和幾千個老弱病殘留守，所以，當劉邦帶領數十萬漢軍攻來，猶入空城，馬上就占領了這座城池。劉邦十分高興，因為這是他第一次明目張膽以項羽殺義帝於江中，大逆不道，名正言順和項羽對抗的第一仗。他得意地摸著自己的鬍子，到城裡面走了一圈，看到項羽的寢宮裡面美女珠寶如雲，簡直是心花怒放。於是劉邦日日排開宴席，左擁右抱，夜夜酒肉笙歌，好不快活。

誰知，項羽一聽，劉邦這小子竟然敢公開和自己對抗，還把自己的美女珠寶和宮室霸占了，暴跳如雷，馬上帶領三萬特種部隊殺了回來，勢不可擋。漢軍哪裡是凶悍的楚軍的對手，還沒交戰幾個回合，軍隊就潰散四奔，倉皇逃命。漢王劉邦一看，馬上拍馬急逃，幸好馬兒跑得快，一轉眼就跑了幾十里。這時天已經黑了，在前面的一片樹林裡，他終於看見了一絲亮光。劉邦來到茅屋前敲門，開門的老頭看見劉邦的相貌，知道不是尋常人，便客客氣氣地讓他進了門，喚女兒趕緊供給酒食。那女孩子不一會就把飯菜端上來了，劉邦大口大口地吃著，吃得差不多了，抬起頭一看，眼前的這位二八佳人雖然穿著粗布衣服，卻顯得清水出芙蓉，楚楚可憐，可是個不可多得的大美女。身為貧奴的戚家老頭一看劉邦的神情，心想，這個人以後肯定是有大作為的，乾脆把女兒嫁給他，或許還能攀上富貴。於是當天夜裡，一來二去，兩人便入了洞房。

第二天一早，劉邦怕追兵追來，趕緊上路，依依不捨地告別了戚公父女。幸而剛上路，劉邦便碰見了夏侯嬰一行，自然換馬上車。他看見沿途奔走的難民中，有一男一女，好像是自己的孩子。夏侯嬰便趕緊將兩個狼狽逃命的孩子抱到車中。原來彭城之戰後，劉邦的父母妻兒外逃避難，想找到劉邦，結果在逃難的過程中，兩個孩子被亂兵沖散，和爺爺媽媽分開了。兩個孩子說著，便哭了起來，哪裡知道苦苦尋找的父親，昨天晚上還在一個人快活逍遙呢！說話間，楚兵追到，劉邦大驚，喊道：「快跑！」

馬兒使勁跑一程，楚兵追一程，眼看就要追到了。劉邦一急，趕緊將兩個孩子踹下車。夏侯嬰看見了，趕緊將兩個孩子抱起來，又放進車裡。劉邦馬上又把孩子扔出去，夏侯嬰又抱進來，一連反覆幾次，兩個孩子驚嚇過度，哇哇大哭起來。劉邦忍不住，破口大罵：「你沒看現在情況危急萬分啊！哪裡管得上兩個孩子，找死啊！」夏侯嬰還是把兩個孩子抱著，劉邦便拔出劍來，指著夏侯嬰說：「再抱上來就對你不客氣了。」於是命車夫趕著馬車飛速地跑走了。夏侯嬰抱著兩個孩子趕緊上馬，一同奔走，終於逃脫。

然而，太公和呂后卻沒有那麼幸運，都被楚軍抓住，其他家眷則紛紛走散。當時，還有一個叫做審食其的僕人不願離開，一同被抓到楚軍中，被項羽留作人質。直到西元前二〇三年九月，楚漢雙方議和，太公、呂后等才被放回。然而回到劉邦身邊的呂雉這時已年近三十，美色漸衰，丈夫對自己極為冷淡。本來以為丈夫這兩年一定是天天和項羽打仗、談判，時時刻刻盼望救自己出去，她哪裡知道自己的丈夫幾乎早已經忘了結髮的誓言，身邊早已有了他人陪伴。於是近三十歲的呂雉只能眼睜睜看著自己的丈夫和另一個年輕貌美的女人出雙入對，加上聽了孩子們的訴說，她想劉邦在危難時刻連自己的親生骨肉都不顧，還不如家奴審食其，冒著生命危險陪著自己度過這麼艱難的兩年人質時光，或許她還聽說了漢王劉邦的私生子劉肥以及劉邦和自己結婚後的外遇對象曹氏……呂雉越想越傷心，她狠狠地哭了一個晚上，心理就此起了變化，慢慢地變得百毒不侵，心狠手辣。

忍氣吞聲，磨劍十年

劉邦在西元前二〇五年六月就已經立呂雉的兒子劉盈為太子，但得到定陶人戚氏後，沒多久戚夫人也生下一個兒子，名喚如意。這個戚夫人也不是省油的燈，除了桃面柳腰、身材玲瓏之外，唱歌跳舞無所不精，並且平時還愛學習點詩詞曲賦，惹得劉邦恨不得天天捧在手掌心。其實，戚夫人深受劉邦喜愛，筆者推測還有以下三個原因。一是戚夫人和劉邦出身差不多，與呂后大家閨秀、童年沒有經歷過窮苦日子相比，自然更讓劉邦心疼，並且有更多的共同話題；二是呂后經歷了顛沛流離的生活後，對情愛看淡了，也許她也會像現代的女性在經歷負心男人後一樣，喊出「不要和我談感情，和我談錢」的口號，專心於自己的事業和政治地位，這就襯托出了戚夫人溫柔體貼的女人魅力；三是戚夫人為劉邦生了一個聰慧可愛的兒子，長相性情又特別像劉邦，深得劉邦喜愛。

劉邦登基為皇帝後，戚夫人更是專寵於後宮，日日夜夜纏著劉邦改立自己的兒子為太子。戚夫人為此成天纏著劉邦哭哭鬧鬧，終於劉邦經不住美人三番五次的折騰，便準備立戚夫人的兒子如意為太子。聽到這一消息的呂后十分著急。她不管劉邦愛誰寵誰，天天要誰陪侍身邊，和誰又有了兒女，戚夫人專寵的驕橫她也可以忍著，甚至偶爾還可以賠著笑臉，但是誰都不能動自己苦心經營的政治地位。已經貴為皇后的呂雉知道，要是兒子劉盈被廢，那麼她的皇后之位也即將不保，她已經失去了丈夫的心，那麼絕對不能失去自己辛苦隱忍多年換來的榮華。於是呂后開始日夜提心吊膽，防止生變，有時看著戚夫人母子，簡直恨得牙癢癢，恨不能立刻掐死他們。只可惜自己沒有戚姬年輕，又會那麼多媚招，無法常常陪伴在劉邦身邊，眼看兒子的地位就要不保，呂雉簡直一顆心都要焦爛了。

劉邦終沒能經住戚姬的耳鬢廝磨，決定在朝堂之上廢立太子。終於，讓呂雉膽顫心驚的一天到來了。這天夜裡，呂雉翻來覆去都沒有睡著，早就收到劉邦打算明天在朝堂廢立劉盈消息的她，一顆心怦怦直跳，簡直快要跳出喉嚨。她又急又氣，心想，怎麼辦，自己苦心經營這麼久的成果，難道就要功虧一簣了嗎？不，絕對不行！她得採取行動。於是第二天一大早呂后就悄悄藏在東廂門裡面，靜靜地聽著朝堂之上的動靜。要是群臣沒有說服劉邦，她就親自出面，打出一張「糟糠之妻不可棄」的苦情牌，聲淚俱下地訴說她和劉邦的夫妻之情，這些年來自己為了這個家的辛苦勞累，她什麼都不求，劉邦也可以繼續寵愛著戚夫人，只要他仍然讓劉盈做太子，她甚至願意和戚夫人平起平坐。這也是最糟糕的情況下，她的最後一張王牌了。

升朝了。呂雉聽到朝堂之上一片反對之聲，終於有些放心。按照古代禮制，廢長立幼，萬萬不可，並且，這也是從來沒有過的事。然而，劉邦愛姬心切，還想為戚夫人母子力爭一把，便命祕書開始擬文件了。呂后的手掌心都出汗了，正在她準備闖進朝堂之時，她聽見一個人站出來，大聲說：「不可！不……可！」這人正是汾陰侯周昌。劉邦知道周昌口吃，便故意問周昌：「那你趕緊說說看為何不可。」周昌一聽，更著急了，臉上憋得紫紅，終於一下說出：「我……雖然……口笨，但是我卻知道……廢長立幼……『具對具對』地不行。陛下……要……廢立太子，我……『具對具對』地……不奉詔。」聽到周昌一時情急，把「絕對」二字都讀錯了，本來十分嚴肅、眼看就要鬧翻的朝堂，忽然一片笑聲。劉邦也忍不住，噗哧一聲笑了起來。這時，劉邦和大臣們爭了半天，也累了，便說：「先退朝吧，這件事以後再說。」終於，提心在口的呂雉長長地舒了一口氣。但從此呂雉簡直恨透了戚夫人，做事也是再三衡量，謹慎小心，居安思危，用盡各種手段快速鞏固太子劉盈和自己的地位，她也更加確信，只有「我為刀俎」，將政權牢牢掌握在自己的手中，才能掌握住自己的命運。

稱制專政，辣手復仇

西元前一九五年六月，五十三歲的高祖劉邦病死在長樂宮中。而這時的呂雉再也不是從前的那個小女人了，現在的呂雉，羽翼已豐，手握大權，傾朝上下，誅盡異己。

自然，呂雉平生最恨的一個女人——戚夫人的悲慘日子開始了。其實，戚夫人也並不是愚蠢之人，她知道呂雉心腸歹毒，要是劉邦不立自己的兒子為太子，那麼等劉邦死後，自己和兒子必定死無葬身之地，於是三番四次找劉邦哭訴。「父母之愛子，則為之計深遠。」可惜劉邦之愛戚夫人，卻沒有愛得深遠，除了僅有的一次在朝堂上提出廢除太子外，根本就沒有為戚夫人母子另謀一個保全自身的萬全之策。戚夫人除了知道改立太子，也沒有想出其他辦法，於是只有傷心哭泣，無可奈何了。由此可見戚夫人在政治上比不得呂雉，雖有遠見，卻不夠精明強幹，足智多謀，也沒有呂雉那份不達目的誓不罷休的狠勁。

同年七月，太子劉盈即位，尊劉邦為高皇帝，尊呂雉為皇太后，自此呂雉開始專政。呂雉要收拾的第一個心頭大恨，當然是戚夫人。於是她當下就傳令將戚夫人囚禁起來，又想到刑律中「髡鉗為奴」這一條，下令馬上實施。髡鉗是什麼意思呢？就是去髮戴鐵圈做苦力。可憐一代美人就這樣被人拔去了盈盈秀髮，困於永巷內，晝夜舂米。悲痛處，她又自編了一首〈舂歌〉，大意是說：「兒子啊，你遠在千里之外，不知道你的母親正在給人為奴舂米，受盡折磨啊！」此歌一唱出，馬上就被報告到了呂雉的耳朵裡。呂雉心想：「妳這個賤奴，還在唱歌，還想著有一天妳兒子來救妳呢！哼！哀家要讓妳白髮人送黑髮人，欲哭無淚！」《史記．呂太后本紀》中記載：「友以諸呂女為受后，弗愛，愛他姬。諸呂女妒，怒去，讒之於太后，誣以罪過，曰：『呂氏安得王！太后百歲後，吾必擊之。』太后怒，以故召趙王。」這段話大概意思是，呂后是聽信了諸呂女兒的讒言才召趙王如意進宮的。然後筆者認為，呂雉自從踏上政治舞臺，愈加明白斬草除根這個道理，先前就積極幫劉邦剷除異姓王，如今自己掌權，當然更要杜絕後患。於是，她用盡辦法將戚夫人的兒子趙王如意騙進宮來。

呂雉心狠手辣，然而惠帝劉盈卻十分善良仁厚。他看見先帝劉邦的寵妃戚夫人被拔光了頭髮日夜舂米，已經覺得皇太后呂雉的報復有點過分了。等到趙王如意一到京城，他趕緊把如意接到自己的寢宮，每天早晚一同寢食，免得遭皇太后毒手。然而惠帝畢竟年輕，不知百密一疏的厲害。時光易過，轉眼到了冬天。惠帝劉盈趁著寒冬，準備出門去打獵，走的時候，看到弟弟如意睡得正甜不忍叫醒，於是獨自出門去了。等到打獵回來一看，如意已經七孔流血，一命嗚呼了！他只得抱著如意的屍體大哭一場，自此更加厭惡皇太后呂雉。

然而，呂雉的報復還沒有停止。剛殺了戚夫人的兒子如意，呂雉竟然又喪心病狂地將戚夫人斬斷手足，挖掉眼珠，熏聾雙耳，毒啞喉嚨，投入廁所裡面。自己還創了個新詞「人彘」，不僅讓所有宮人圍觀，還讓人帶劉盈去觀看。呂后之毒辣，真可謂慘絕人寰，曠古絕今。

在呂雉的前半生，可以說她還是賢慧善良的，相夫教子，勤勞克己。即使在代行皇帝職權登上權力巔峰後，她對待有恩於自己的朝臣或得力老將還是十分顧全的，並且用她精明強幹的政治頭腦，將整個國家管理得井井有條。然而呂雉在對異己分子或政敵上則心狠手辣，尤其是對待情敵戚夫人的手段，簡直是辣手至極，聞者心驚。

班婕妤——後宮佳麗的「文學教母」

晉朝畫家顧愷之在《女史箴圖》中，描繪了班婕妤與漢成帝同乘輦輿的情景，把班婕妤的端莊嫻靜、慎言善行，身為妃嬪的典範描畫得淋漓盡致。梁代學者鐘嶸在《詩品》中評論的唯一女詩人就是班婕妤：「從李都尉迄班婕妤，將百年間，有婦人焉，一人而已。」而清朝第一大詞人納蘭性德對班婕妤則更是嚮往有加：「人生若只如初見，何事秋風悲畫扇。」那麼，班婕妤到底是一個怎樣的女人，為何令文藝名家紛紛寫文盛讚？不妨隨筆者一同去探個究竟。

書香門第氣自華，才貌雙全封婕妤

首先，班婕妤的出身幾乎比李清照還好。李清照的父親是一位進士，而班婕妤一家卻均是名人。據史料稱，秦滅六國後，班婕妤的先祖從楚地遷到山西北部，後定居在樓煩（今山西省朔州市朔城區梵王寺一帶），以遊獵為業。從班婕妤的曾祖父班長開始，便世代為官，成為當時地方顯赫的名門望族。到了班婕妤的父親班況，官就做到了左曹越騎校尉（軍隊裡的騎軍指揮官，俸祿兩千石，相當於裝甲部隊的司令）。班婕妤的兄弟也均有官職。後來，班婕妤的姪兒班嗣、班彪和姪孫班固、班超、姪孫女班昭更是活躍在東漢上層的著名學者和高官。這樣顯赫的家庭，的確令一般文人羨慕不已。班婕妤能在這樣的家庭環境中生活，不得不說是一種幸運。

由於家庭環境好，班婕妤不愁吃不愁穿，又因為其母親漂亮，遺傳因素好，她的相貌從小就非常俊美，她還非常聰明伶俐，勤學多才，尤喜詩文。長到十七歲時，班婕妤已是亭亭玉立，豔美有加，名聞四方了。

漢建始元年（西元前三十二年），漢成帝劉驁即位，聰明漂亮、才華橫溢的班婕妤很快脫穎而出，被選入皇宮。剛開始，她僅為少使（下等女官），但不久之後，就受到漢成帝的寵愛，被賜封為「婕妤」，讓其居住於後宮第三區增成舍宮。這個婕妤到底是個什麼職位呢？她是後宮妃嬪的一種級別。據史料記載，從周王朝開始，國王就可以合法擁有一百多位妻子，為了便於後宮管理，就把她們編成不同等級，周朝時共有五級：第一級：「王后」，一人，地位跟國王相等。第二級：「夫人」三人，陪伴國王。第三級：「嬪」，九人，負責處理皇宮事務（掌教四德）。第四級：「世婦」，二十七人，主持祭典和招待入宮朝覲的貴婦。第五級：「女御」，八十一人。到了秦朝，後宮嬪妃從五級增加到八級。第一級：「皇后」；第二級：「夫人」；第三級：「美人」；第四級：「良人」；第五級：「八子」；第六級：「七子」；第七級：「長使」；第八級：「少使」。

到了漢成帝時，妃嬪的級別就上升到十四個等級了：皇后、昭儀、婕妤、娥、容華、美人、八子、充依、七子、良人、長使、少使、五官、順常、無涓等，班婕妤排在第三級，位比上卿，爵比列侯，可見其地位是比較高的了。

入宮得寵不自驕，品德高尚齊稱好

由於班婕妤出自班氏名門，少有才學，文學造詣極高。入宮之後，她常常利用文學才華和自己獨特的魅力，潛移默化地影響漢成帝。另外，她還熟悉史事，在與漢成帝的談天閒聊中，常常能自如地引經據典，開解成帝內心的積鬱和不解，開導並幫助他在朝政上做個有道的明君。

自古妃嬪中，像班婕妤這樣既漂亮，又有才華的女人並不多。因此，對於漢成帝而言，班婕妤不僅僅是給他提供床笫之歡的女人，更是他人生的良師益友。

在剛進宮的那幾年，漢成帝對班婕妤寵愛日盛，無人可及。為了能與班婕妤形影不離，漢成帝還特別命人製作了一輛較大的輦車，以便能和婕妤同車出遊。據史料介紹，漢朝時皇帝在宮苑巡遊，常乘坐一種豪華車子，綾羅為帷幕，錦褥為坐墊，兩個太監在前面拖著走，稱為「輦」；至於皇后妃嬪所乘坐的車子，則僅有一人牽挽。對大多數宮女來說，能得到皇帝一夜寵幸就已是莫大榮幸，哪裡還能奢望與皇帝出入同輦呢？

但是，班婕妤卻是一個例外。當漢成帝要求同輦出遊時，卻遭到了班婕妤的拒絕：「觀古圖畫，賢聖之君皆有名臣在側，三代末主乃有嬖女，今欲同輦，得無近似之乎？」《漢書．外戚傳》如此做了記載，翻譯成白話文的意思就是：「我看古代留下來的圖畫，凡是聖賢之君都是名臣在身邊。只有夏、商、周三代的末主夏桀、商紂、周幽王，他們才有嬖倖的妃子在座。但結果呢，竟落得國亡毀身的境地。尊敬的皇上啊，我如果和您同車出入，不就和她們很相似了嗎？這是多麼令人害怕啊！」漢成帝剛聽到這話，還有點不高興，「上善其言而止」。但後來仔細想想，他覺得班婕妤說得很有道理，同輦的想法也就只好暫時作罷了。

班婕妤以理制情，不與皇帝同車出遊這件事被漢成帝的母后王太后聽到了，她十分讚賞地對左右人說：「古有樊姬，今有班婕妤。」樊姬是春秋時代楚莊王的妃子，以善於勸諫楚莊王少犯錯誤，勤政愛民、勵精圖治稱著。楚莊王剛即位時，喜歡打獵，不務政事，樊姬苦苦相勸，但收效甚微。於是她不再吃禽獸的肉，楚莊王終於被樊姬感動，從此改過自新，不多出獵，勤於政事。後來又由於樊姬的推薦，他重用賢人孫叔敖為令尹宰相，三年而稱霸天下，成為「春秋五霸」之一。王太后把班婕妤比作樊姬，可見這是對她的最高褒獎。

由於班婕妤的賢德，她在後宮中得到了宮女的愛戴。班婕妤從不爭寵，也不干預政事，謹遵禮教，行事端正。即使在得寵期間，她也並未恃寵自驕，而是謹守為婦之德，不越雷池，她的言行受到了上自太后，下到百姓異口同聲地稱讚，為宮人樹立起了良好榜樣。

趙氏姐妹入宮來，急流勇退明保身

然而，事情並沒有像人們所期望的那樣發展，班婕妤沒能成為漢成帝的賢內助，也沒能幫助漢成帝成為一代明君。很快，她就失寵了。失寵的原因，就是繚繞舞女趙氏姐妹的到來。

這個趙氏姐妹是誰呢？只要提到趙飛燕大家就一下子明白了。大唐詩人王昌齡寫了一首詩〈長信秋詞〉：「奉帚平明金殿開，且將團扇暫徘徊。玉顏不及寒鴉色，猶帶昭陽日影來。」其中，團扇比喻的就是班婕妤，而寒鴉色則是趙飛燕。宋朝詞人辛棄疾在〈摸魚兒〉中也如此寫道：「更能消、幾番風雨？匆匆春又歸去。惜春長怕花開早，何況落紅無數。春且住，見說道、天涯芳草無歸路。怨春不語，算只有殷勤，畫檐蛛網，盡日惹風絮。長門事，準擬佳期又誤。娥眉曾有人妒。千金縱買相如賦，脈脈此情誰訴？君莫舞，君不見、玉環飛燕皆塵土！閒愁最苦。休去倚危欄，斜陽正在，煙柳斷腸處。」雖然，「玉環飛燕皆塵土」，但當時的趙飛燕可是一人之下，萬人之上，就連才華橫溢、美貌無比的班婕妤也只能認輸投降，無奈明哲保身了。

由於漢成帝劉驁本是好色之徒，在其做太子時，就「湛（同『耽』）於酒色」，即位後更甚之。雖然，有班婕妤這樣的美女天天為伴，但他終究沒有滿足。有一次，漢成帝微服到陽阿公主家，見一個舞女婀娜秀美，舞姿撩人，當即便把她召入宮中寵幸。這個舞女不是別人，正是趙氏，因身輕善舞，人稱「飛燕」。趙飛燕進宮之後，又舉薦她的妹妹趙合德進宮，於是兩人一併受寵得勢，貴傾後宮，權壓朝廷。

趙氏姐妹受寵之後，許皇后因此受到了冷落。這位國母絕不願意失去自己的崇高地位，便決定全力抗爭。許皇后在寢宮中設置了一處神壇，晨昏禮拜，既為皇帝祝福，也對趙氏姐妹加以詛咒，希望神靈能夠幫她除掉趙氏姐妹這一對「妖孽」。然而，她禮拜的消息很快就傳到了趙氏姐妹耳中，兩人於是在深夜與漢成帝床笫之歡時，將此事添油加醋地向漢成帝告狀。漢成帝盛怒之下，不分青紅皂白就把許皇后貶廢在昭臺宮。

除掉許皇后，排名第三的班婕妤便是最大的「頭號敵人」。於是，趙氏姐妹又向成帝進班婕妤的讒言。漢成帝又未仔細考慮，就開始追究，慶幸的是班婕妤從容不迫，委婉陳詞：「妾聞死生有命，富貴在天，修正尚未蒙福，為邪慾以何望？使鬼神有知，不受不臣之愬（同『訴』）；如其無知，愬之何益？故不為也！」翻譯過來就是：「臣妾聽說死生有命，富貴在天，修正尚且未能得福，為邪還有什麼希望？要真是鬼神有知的話，怎麼可能聽信讒言呢？假如鬼神無知，這些讒言又有什麼用呢？臣妾不但不敢做這些事，也不屑於做這些事。」漢成帝聽後想了想，覺得班婕妤說的在理，又念在不久之前的恩愛之情，「憐憫之，賜黃金百斤」（《漢書．外戚傳》），便不予追究，同時也以此彌補心中對她的愧疚。

不久之後，漢成帝立趙飛燕為皇后，其妹趙合德為昭儀，從此後宮便成為趙氏姐妹的天下。對漢成帝的沉淪墮落，班婕妤徹底看清了，她早已心灰意冷，思慮再三，終於做出了決定：「求共（供）養太后長信宮」（《漢書．外戚傳》）。漢成帝允其所請，聰慧的班婕妤把自己置於王太后的羽翼之下，無奈明哲保身去了。

福禍相依未可知，辭賦大家從此生

自此，班婕妤再也無法得到漢成帝的寵愛，遠離了繁華的皇帝寢宮，從此陪伴她的只是寂寥深宮、冥寒冷月。她心如止水，形同槁木，除了陪侍王太后燒香禮佛、弄箏調筆之餘，也提筆開始塗塗寫寫，希冀抒發心中的感慨。唐朝詩人李益在〈宮怨〉詩中言：「露溼晴花宮殿香，月明歌吹在昭陽。似將海水添宮漏，共滴長門一夜長。」正是描寫了班婕妤在此段人生中的境況和心境。

不過，也正是因為這一段長久的寂寞和孤苦，才讓一位名垂千古的辭賦名家從此誕生。由於從小誦讀《詩經》和〈窈窕〉、〈德象〉、〈女師〉等作品，入宮後的班婕妤雖寫了一些詩作，但從來沒有像失寵之後那樣文思泉湧，詩作不斷。這時的班婕妤，常常將自己的哀怨之情，寄託在她所創作的詩賦上面。如後來流傳下來的〈怨歌行〉，就是班婕妤失寵之後的代表之作。我們不妨來欣賞一下這首廣為流傳的五言詩，《文選》、《玉臺新詠》、《樂府詩集》等古代著名詩集均有收錄。全詩如下：

怨歌行

新裂齊紈素，鮮潔如霜雪。
裁為合歡扇，團團似明月。
出入君懷袖，動搖微風發。
常恐秋節至，涼飆奪炎熱。
棄置篋笥中，恩情中道絕。

這是一首詠物言情詩，借團扇來比喻嬪妃雖曾受恩寵，但最後終遭遺棄的不幸命運，抒發了詩人在失寵後幽居深宮的鬱悶和哀怨，也表達自己的不滿和無奈。雖字字言扇，卻句句皆怨。南朝梁學者鐘嶸在《詩品》中評論說：「〈團扇〉短章，辭旨清捷，怨深文綺，得匹婦之致。」給了班婕妤此詩極高的盛讚和推崇。

這首〈怨歌行〉也使歷代的文人為之欽佩，他們或品評，或和吟，或寄情，產生過不少動人的詩文和畫作。好多名家把〈怨歌行〉看作宮廷詩歌的開山之作。三國文學家曹植〈班婕妤贊〉：「有德有言，實唯班婕。盈充其驕，窮其厭悅。在夷貞艱，在晉正接。臨飆端干，沖霜振葉。」三國學者陸機〈婕妤怨〉：「婕妤去辭寵，淹留終不見。寄情在玉階，託意唯團扇。春苔暗階除，秋草蕪高殿。黃昏履綦絕，愁來空雨面。」南朝梁劉孝綽〈班婕妤怨〉：「應門寂已閉，非復後庭時。況在青春日，萋萋綠草滋。妾身似秋扇，君恩絕履綦。誰憶遊輕輦，從今賤妾辭。」

班婕妤在此期間，還寫過一首更有名的〈長信宮怨〉。其辭曰：

> 承祖考之遺德兮，何性命之淑靈，登薄軀於宮闕兮，充下陳於後庭。蒙聖皇之渥惠兮，當日月之盛明，揚光烈之翕赫兮，奉隆寵於增成。既過幸於非位兮，竊庶幾乎嘉時，每寤寐而累息兮，申佩離以自思，陳女圖以鏡監兮，顧女史而問詩。悲晨婦之作戒兮，哀褒、閻之為郵；美皇、英之女虞兮，榮任、姒之母周。雖愚陋其靡及兮，敢舍心而忘茲？歷年歲而悼懼兮，閔蕃華之不滋。痛陽祿與柘館兮，仍襁褓而離災，豈妾人之殃咎兮？將天命之不可求。白日忽已移光兮，遂晻莫而昧幽，猶被覆載之厚德兮，不廢捐於罪郵。奉共養於東宮兮，託長信之末流，共灑掃於帷幄兮，永終死以為期。願歸骨於山足兮，依松柏之餘休。

該詩從自己入宮受寵寫起，一直寫到顧影自憐，自己愛惜羽毛，而摒絕繁華，效法古代貞女烈婦，甘願幽居長信宮中，孤燈映壁，房深風冷，想起舊日與皇上的恩愛之情，不覺珠淚飄零，令人肝腸寸斷，日日夜夜無情吞噬著她花樣的年華，最後寫到只希望百年之後，能埋骨故鄉的松柏樹下。詩歌淒愴悲傷，令人不忍卒讀。

綏和二年（西元前七年），漢成帝一夜暴卒，朝野歸罪於趙氏姐妹，傳說是趙氏姐妹致漢成帝服食過多春藥而亡。趙合德接著畏罪自殺。數年後，曾貴為皇太后的趙飛燕也接著自殺，離開繁華人世。

漢成帝死後，班婕妤申請去守護陵寢。在荒漠的山野，在孤寂哀傷中，班婕妤空對著石人石馬，諦聽著松風天籟，見香煙繚繞，殘月冷清，她孤獨地打發著流年。不知過了多少歲月，五十歲的班婕妤淒然辭世，死後葬於延陵。

雖然《漢書》中對班婕妤的評價只有一個字「薨」，而評價趙飛燕與趙合德二人則是「誅」字，但史家筆法，微言大義，或許正是因為這一個字便落定了班婕妤一生的褒貶。

不過，歷史終究還是公正的。雖然《漢書》只用了「薨」一字對班婕妤做結，但後世文人對於她的謳歌卻從未間斷，她的傳奇故事也永遠流傳在人間，並一直絢爛輝煌。西晉文學家傅玄評價：「斌斌婕妤，履正修文，進辭同輦，以禮匡君，納侍顯德，讜對解紛，退身避害，志邈浮雲。」西晉女詩人左芬美贊：「恂恂班女，恭讓謙虛，辭輦進賢，辯祝理誣，形圖丹青，名侔樊虞。」像傅玄、左芬一樣對班婕妤提出美贊的文藝名家數不勝數，因為，在她們心中的班婕妤遠遠不止「甍」一字，她有著出色的才華和美貌，最令後世矚目的還是她那大放光彩的文學名篇〈怨歌行〉、〈自悼賦〉、〈搗素賦〉……

卓文君──貴婦新寡遭遇風流才子

在四川省邛崍市（古稱臨邛）文君井篆刻著一副長聯：「君不見豪富王孫，貨殖傳中添得幾行香史；停車弄故跡，問何處美人芳草，空留斷井斜陽；天涯知己本難逢，最堪憐，綠綺傳情，白頭興怨。」「我亦是倦遊司馬，臨邛道上惹來多少閒愁；把酒倚欄杆，嘆當年名士風流，消盡茂林秋雨；從古文章憎命達，再休說長門賣賦，封禪遺書。」這一副長聯讚美的主角不是別人，正是家喻戶曉的東漢才子佳人司馬相如和卓文君。司馬相如大家已是耳熟能詳了，那麼佳人卓文君呢？她又是一個怎樣的女人？當年身為豪門寡婦的她為何要與窮小子司馬相如半夜私奔呢？「當壚沽酒」的典故又是從何而來？

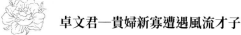

出身冶鐵富豪之家，荳蔻年紀初嫁新寡

卓文君這個女人不簡單，在歷史上有著比較重要的地位，不僅被評為「蜀中四大才女」，還被評為「中國古代四大才女」，可想而知其一定是有相貌和才華的。那麼，她的才華到底是不是名副其實，她又到底出生在何等的家境？請隨筆者一同去細細瀏覽。

據史料記載，卓文君的家境還真不一般。她姓卓，是當地有名的冶鐵大戶。最開始，卓家的祖先居住在先秦時的趙國，當時趙國首都邯鄲是最著名的冶鐵中心，卓家就借助這種大好的經濟形勢，以冶鐵致富。後來，秦始皇開始攻打其他六國，準備一統天下，趙國邯鄲的卓家為了避難，便悄悄輾轉遷移到了蜀地的偏僻小城臨邛縣定居。這個臨邛縣不是別處，正是當前的四川省邛崍市。到了臨邛之後，卓家依舊做起當年的老行業，以冶鐵為業。又經過幾百年的發展與變遷，到了西漢的文景之治時，卓家已傳到了卓王孫這一代了。這個卓王孫就是卓文君的老爹，臨邛縣有名的超級富豪。

西漢王朝對一切經濟活動採取了自由放任的政策，所謂「開關梁，馳山澤之禁」，再加上社會安定，「礦老闆」卓王孫在臨邛縣以廉價食物招募貧民開採鐵礦，冶煉生鐵，冶鑄鐵工具，供應當地民眾和附近地區的少數民族生產生活之用，還遠銷到雲南、廣西等地。由於他善於經營，很快就成為臨邛甚至蜀地的巨富。據史料記載，卓王孫家「良田千頃，家童千人；華堂綺院，高車駟馬；至於金銀珠寶，古董珍玩，更是不可勝數」，真是

富可敵國。不過，這也很正常，李白的父親不也是礦石老闆嗎？一般大一點的煤礦老闆、金老闆都是很有錢的，正如西漢學者桓寬撰寫的《鹽鐵論》就介紹：殷實之家「聚眾或至千餘人，大抵盡收放流人民也，遠去多里，棄墳墓，依倚大家，聚深山窮澤之中」。

卓文君就出生在這樣一個超級富豪之家，用現在的話說，她可是典型的「超級富二代」，類似於當今礦老闆、煤老闆、金老闆的千金小姐。從小穿得好，吃得好，人緣好，還會打扮化妝，又加上其漂亮母親的優秀遺傳基因，卓文君可真是姿色嬌美，身材苗條，令人心醉呢。從小，卓文君還學習音樂，精通音律，善彈琴，還能作詩填詞，在臨邛也是響噹噹的才女，絕不像現在少數的「富二代」們吸毒、談戀愛、打架，還一臉酒氣到處無理取鬧欺負貧寒老百姓。

長得漂亮，又有才華，家裡還有錢，卓文君家的門檻被求親的隊伍幾乎都踏平了。「男大當婚，女大當嫁」，經過精挑細選，卓王孫便給女兒定了一個富豪之家，所謂「門當戶對」，共同興旺，一起發財。

本以為這一生會平淡度過，哪裡知道不久就出現了變故。十六歲的卓文君剛嫁給新郎君沒多久，那短命的丈夫就不幸生病去世了。這個新寡的女人，在婆家受到了萬般刁難，再也不好意思待下去，索性又打道回娘家居住，從此寡居在家裡獨自賞月吟詩，打發無聊的青春和時光，直到窮才子司馬相如的出現。

家中迎來風流才子，一把瑤琴俘獲芳心

按封建制度的束縛，一般情況下，卓文君可能會在家守寡一輩子。當然，她也有可能被父親再次嫁給另一個富豪之家。但是，萬萬沒有想到，卓文君生命中的如意郎君不再是什麼富豪，也不是什麼大官，而是一個當時還名不見經傳的落魄才子司馬相如。

這個司馬相如是成都人，因仰慕先秦時趙國藺相如的為人行事，便以「相如」作為自己的名字，立志要做一番大事，名垂千古，光照後世。最開始，司馬相如在文翁學校（四川省最好的大學）還沒畢業，就被父母花錢去買了一個當兵的職務，當時稱為「武騎常侍」，就是騎馬的「阿兵哥」。在京城長安站崗之時，司馬相如有幸遇到了人生中第一個伯樂，他就是當時的「文壇盟主」梁王，這個人是漢景帝同母所生的弟弟。由於身分尊貴，又喜歡文學，「盟主」梁王身邊聚集了一大批著名的辭賦家，有鄒陽、枚乘、嚴忌等追隨，他們既是貴族與民眾的關係，又是文學知己。身為文學青年的司馬相如看到這種情況後，那是相當傾慕，索性兵也不當了，直接辭去了好不容易買來的武騎常侍的工作，鐵了心要追隨梁王去研究文學。去了梁地，他作賦彈琴，生活愜意而滋潤。梁王也很欣賞司馬相如的才華，還特別賜給了他一把琴，上面刻有「桐梓合精」的字。司馬相如也就是用這把琴彈奏〈鳳求凰〉，搞定了富貴寡婦卓文君，不過那都是後話了。

司馬相如運氣不好，跟梁王沒混幾年，這個「盟主」就生病死了。無奈之下，司馬相如只得捲鋪蓋回到老家成都。這時，他的父母已經過世，家裡境況早就不比以前那麼寬裕。沒有辦法，司馬相如只得去投奔自己的同學，兒時的夥伴——臨邛縣令王吉。王吉深知司馬相如的才華，認為他不會久居人下一直落魄，將來肯定會有出頭之日。在臨邛期間，王吉對司馬相如十分尊敬，除了好吃好喝招待外，還天天到家拜訪問候。

這時卓文君的老爹——超級富豪卓王孫，看到一縣之長王吉居然對一個落魄才子如此恭敬，心中十分納悶和不解，便有意結識一下這個神祕人物司馬相如。一次，卓王孫請了該縣的富豪官員們到家吃飯，司馬相如自然也在被邀之列。

雖然被邀請了，司馬相如並沒有像其他大腕一樣爽然赴約，他故意擺架子不給面子，謊稱自己有病不能前往。卓王孫更是納悶了，便問縣令王吉怎麼回事。王吉聽了默而不語，只是微微一笑，便乘車去司馬相如家裡親自相迎。這下，司馬相如的架子也是擺足了，便爽快地拉著縣令王吉的手，坐車到了卓王孫的豪宅。

宴會上，大家敬酒的敬酒，划拳的划拳，說黃色笑話的說黃色笑話，個個玩得不亦樂乎。酒到酣處，有宴客提議讓司馬相如彈奏一首曲子盡興，縣令王吉也發話力邀。司馬相如這次倒沒有推辭，爽快地走到前臺，撫琴彈奏了一曲著名的〈鳳求凰〉。

正在房間內屋的卓文君聽到琴聲，覺得此曲婉轉動人，如潺潺溪水，粼粼波濤，便偷偷地從門縫中偷看。這一看不知道，再看就被司馬相如的氣派、風度和才情所吸引，頓時產生了敬慕之情。司馬相如也發覺有女子在偷看，當即猜到是卓文孫新寡的女兒卓文君。他知道卓文君才華橫溢，還十分漂亮，其實早就有打她主意的打算。此次來赴宴，說不定就是與好友縣令王吉合謀的計策。

宴會完畢，司馬相如立即託人以重金賞賜卓文君的侍者，向她轉達傾慕之情。這卓文君看到情書之後，心中真是興奮萬千，那一片愛情的漣漪，迅速就被司馬相如撩撥得蕩漾許久。於是，卓文君再也顧不上敗壞門風，半夜趁著月光就逃出家門，與司馬相如一同私奔了。兩人火速趕回了成都，過起了令人陶醉的幸福日子。

才子佳人坐吃山空，無奈回鄉當壚賣酒

一個是風流才子，一個是富家千金，兩人都沒有吃過苦，僅憑一時的激情，便回成都享受浪漫愛情。哪裡知道現實如此殘酷，沒過多久，兩人就囊中羞澀，生活陷入窘迫之中。

怎麼辦？不可能繼續這麼困頓下去吧，那樣可真的要把人給餓死了。小倆口晚上躺在床上開始思索起未來的出路，經過細細商量，他們心中有了主意。「走，回臨邛做小生意去，我不相信我老爹卓王孫會眼睜睜地看著他的女兒女婿受窮受苦！」

在卓文君的建議下，司馬相如立即變賣了車馬。兩人帶著寒酸的錢財又回到了臨邛，開了一間小酒家。卓文君當壚賣酒，掌管店務；司馬相如繫著圍裙，夾雜在夥計們中間洗滌杯盤瓦器。臨邛城中頓時沸騰了，「小店西施來臨邛了，她可是首富卓王孫的女兒！」「走，去看看這個富家千金去！」這一消息馬上就讓民眾情緒激動，很多人都去看稀奇。很快，卓文君賣酒的消息就傳到了卓王孫的耳朵裡。「我真是倒了八輩子楣，怎麼會碰上這麼一個不聽話的女兒，真是把臉丟盡了，丟盡了！」

卓王孫深以為恥，覺得再沒臉見人，就整天躲在家裡大門不出。當時，卓王孫的親朋友都勸他：「你只有一子二女，又不缺少錢財。如今文君已經委身於司馬相如，生米都煮成熟飯了，你還能怎麼辦？再說司馬相如這小子雖然窮了點，但好歹是個人才，縣令王吉都看重他，以後必定有大出息，你就幫一幫他們吧！」卓王孫無可奈何，只得分給卓文君奴僕百人，銅錢百萬，又把她出嫁時的衣被財物一併送去。於是，卓文君和司馬相如帶著巨額資產雙雙回到成都，購買了良田美地，還修了別墅豪宅，開始過上了富足的生活。

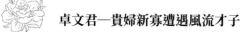

相如文章驚動帝王，飽暖思淫納妾忘鄉

或許卓文君真的有旺夫相，而司馬相如這個才子命好，被卓文君這麼一旺，就旺進了皇宮。

很快，景帝駕崩，漢武帝即位了，這位雄才大略的皇帝開始了他遠大的征程。武帝喜歡辭賦，對文學有一定研究。有一天，他正在宮內看書，突然看到了〈子虛賦〉，心中大為感嘆：「我要是能和這個作者生活在同一個時代就好了。」

沒想到武帝這麼一感嘆，太監楊得意便插了一句：「陛下洪福齊天，這個作者就是司馬相如，就生活在當下，按理說我還和他認識呢！」

「真的，你快快幫我把他找來！」於是，漢武帝召見了司馬相如。司馬相如又竭盡才智寫了一篇〈上林賦〉，盛讚皇帝狩獵時的盛大場面，舉凡山川雄奇，花草繁秀，車馬烜赫，扈從壯盛，皆紛呈字裡行間。好大喜功的漢武帝一見之下，立即拜司馬相如為郎官。不久之後，司馬相如又憑一支生花妙筆，以一篇檄文，曉以大義，剖陳利害，並許以賞賜，消弭了巴蜀兩地不穩的情勢。漢武帝大喜，再拜其為中郎將，持節出使西南邊陲地區，對蠻夷進行宣慰。司馬相如擁旌旗、飾輿衛，聲勢赫耀地回到了成都。

這時，卓文君的老爹卓王孫可是徹底佩服了，自己當初看不上的女婿如今當了欽差大

臣，連蜀郡的領導人也要去城外迎接，真是為他卓家爭光了。卓王孫感到十分光彩，執意挽留這位乘龍快婿與寶貝女兒小住數日，同時宴請四方賓客，在臨邛好好炫耀了一把。

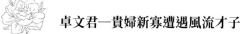

「飽暖思淫慾，飢寒起盜心。」司馬相如這一當官，也不免有了享樂的想法，吃著碗裡，望著鍋裡。他時常周旋在脂粉堆裡，竟然還想納茂陵女子為妾，這時卓文君真有了「忽見陌上楊柳色，悔教夫婿覓封侯」的酸楚感慨。

不，絕不！卓文君想到司馬相如的絕情，心中的恨和苦無處訴說。難道自己一直深愛的男人，也是始亂終棄的人嗎？在錦衣玉食之時，竟要拋棄糟糠之妻。卓文君很是氣憤：「你這個忘恩負義的東西，當年你家徒四壁，我頂著家裡的壓力，和你私奔。沒有嫌棄你窮，沒有嫌棄你沒身分，後來還和你一起出謀要了我父親的幾百萬巨款。沒有我，你能有現在的成就，還能有美貌的才女喜歡你？」卓文君越想越氣，遂寫了一封回信和一首詩。這封信很有才氣，令人讀之動容。回信如下：「一別之後，二地懸念，只說是三四月，又誰知五六年，七絃琴無心彈，八行書無可傳，九連環從中折斷，十里長亭望眼欲穿，百思想，千繫念，萬般無奈把郎怨，萬言千語說不盡，百無聊賴十依欄，重九登高看孤雁，八月中秋月不圓，七月半燒香秉燭問蒼天，六月伏天人人搖扇我心寒，五月石榴如火偏遇陣陣冷雨澆花端，四月枇杷未黃我欲對鏡心意亂，急匆匆三月桃花隨水轉，飄零零二月風箏線幾斷，郎呀郎，巴不得下一世你為女來我做男！」

又作〈白頭吟〉一首以示悲戚：

白頭吟

皚如山上雪，蛟若雲間月。
聞君有兩意，故來相決絕。
今日斗酒會，明旦溝水頭。
躞蹀御溝上，溝水東西流。
淒淒復淒淒，嫁娶不須啼。
願得一心人，白頭不相離。
竹竿何裊裊，魚尾何徙徙。
男兒重意氣，何用錢刀為。

並附書：「春華競芳，五色凌素，琴尚在御，而新聲代故！錦水有鴛，漢宮有水，彼物而新，嗟世之人兮，瞀於淫而不悟！」隨後再補寫兩行：「朱弦斷，明鏡缺，朝露晞，芳時歇，白頭吟，傷離別，努力加餐勿念妾，錦水湯湯，與君長訣！」

司馬相如收到卓文君寫的詩和信後，一讀驚嘆不已，二讀肝腸寸斷，三讀悔恨萬千。夫人的才思敏捷，和對自己的一往情深，都使他心靈受到很大的撼動，越想越覺得對不起這個女人，他良心發現，便打消了納妾休妻的打算。

後來，司馬相如因病免官，離開京城。於是，卓文君與司馬相如去了林泉，在那裡又度過了十年恩愛歲月。當時漢武帝說：「司馬相如病得很厲害，可派人去把他的書全部取回來；如果不這樣做，以後就散失了。」當官員趕到司馬相如家時，相如已經死去，家中沒有書。詢問卓文君，她回答說：「長卿本來不曾有書。他時時寫書，別人就時時取走，因而家中總是空空的。長卿還沒死的時候，寫過一卷書，他說如有使者來取書，就把它獻上，再沒有別的書了。」他留下來的書寫的是有關封禪的事，進獻給所忠。所忠把書再進獻給漢武帝，漢武帝驚其為奇書。司馬相如死後一年，霜降草枯，長空雁鳴，形影相弔，孑然一身的卓文君悲苦難熬，也隨丈夫去了九泉之下。

不過，卓文君的肉體雖然香消玉殞，但她的才華和愛情故事一直被後人祭奠。明人胡應麟在《詩藪》外編卷就贊曰：「論及漢魏間夫婦俱有文辭而最名顯者，首推司馬相如和卓文君。」清朝文學家王闓運則贊曰：「卓文君為古今女子開一奇局，使皆能自拔耳。」

另外，在卓文君的故鄉邛崍市，也有不少後人為了紀念卓文君，特地修了文君街、文君井，其甘甜的井水孕育過一代又一代不朽的文人。「雪下文君沽酒肆，雲藏李白讀書山。」晚唐鄭谷如此評價。大文學家郭沫若也曾題詩曰：「文君當壚時，相如滌器處。反抗封建是前驅，佳話傳千古。」

蔡文姬——名揚千古的「文二代」

在中國古代文學史上，能夠流傳下來的女詩人幾乎都有一個共性，她們均是「文二代」或「文三代」，比如唐朝女才子上官婉兒的爺爺就是宰相文豪上官儀；宋朝最厲害女詞人李清照的父親李格非就是有名的詞作家；而東漢的蔡文姬也不例外，她的父親是名揚千古的大文學家蔡邕。在封建時代，女性要想在文學上有所造詣，除了具備良好的家庭環境之外，遺傳基因也占很大一部分。那麼，今天要講的「文二代」蔡文姬，她到底又有哪些不為人知的故事呢？與其他女才子相比，她的特殊性在什麼地方呢？

父親是鼎鼎有名的文豪

蔡琰，字文姬，到底生於哪一年，史料也沒有明確記載，有的說是西元一七四年，有的說是一七七年，但大都是猜測，沒有嚴謹的歷史依據。不過可以肯定的一點，蔡文姬是東漢陳留圉人，是大文學家蔡邕的女兒。這個陳留圉在哪裡呢？就是現在河南省開封市的杞縣圉鎮。蔡邕呢，字伯喈，在東漢時期是無人不知，無人不曉，是當時著名的文學家、書法家，生於西元一三三年，死於一九二年，活了五十九歲。因官至左中郎將，後人稱他為「蔡中郎」，大概就是三品級別，正部級官員。由於在當時很有文名，蔡邕參與續寫了《東觀漢記》，參與刻印了《熹平石經》。董卓掌權時，強召蔡邕，拜左中郎將，隨獻帝遷都長安，並封高陽鄉侯。

蔡邕精通音律，才華橫溢，除通經史、善辭賦等文學創作外，書法精於篆、隸，尤以隸書造詣最深，名望最高，世人有「蔡邕書骨氣洞達，爽爽有神力」的評價。他還自創「飛白」書體，對後世影響甚大。當時，蔡邕與曹操、王粲等人都比較友好，經常坐在一起喝茶聊天交流文學，名聲肯定是很大的，受到時人的推崇和讚美。

蔡文姬有這麼一個文豪老爸，除了繼承優秀的遺傳基因外，還得到了不少精髓的指點，再加上她本身聰慧，又十分刻苦，其文學和音樂方面的造詣更是驚人。有史料記載，蔡文姬六歲時有一次聽父親蔡邕在大廳中彈琴，隔著牆壁她就聽出了父親把第一根弦彈斷的聲音。其父驚訝之餘，又故意將第四根弦弄斷，居然又被她指出。此事在當時廣為流傳，蔡文姬精通音樂的名聲自小也就遠播四方，成為遠近聞名的小才女。

當才女遇到世紀戰亂

如果沒有戰爭，蔡文姬或許會成為一位只寫風月的曠世奇女，她的生活也會悠閒而快樂。但是，蔡文姬遇到了三國戰亂，她的命運也不得不因此而改變。

長大後的蔡文姬經媒妁之言，嫁給了河東衛家，丈夫衛仲道是大學出色的士子。這個衛仲道是漢代將軍衛青的後人，他家在河東屬於名門望族。蔡文姬本以為能和丈夫享受幸福人生，哪裡知道好景不長，不到一年衛仲道便因咯血而死。兩人還沒來得及生子女，衛仲道便撒手人寰。守寡的蔡文姬遭到衛家人嫌棄，認為這個年輕女人命太硬，居然「剋死丈夫」。正年少氣盛、心高氣傲的蔡文姬，哪裡受得了這樣的白眼和冤枉。衛仲道自己有病不幸去世，衛家卻把矛頭對準她一個弱女子。再說，衛仲道是自己的丈夫，哪個女人不愛自己的丈夫，希望丈夫暴病身亡呢？懷著沉痛的心情，蔡文姬不顧父親的反對，憤然回到了娘家。

在娘家也沒過上幾天平靜的日子，不久之後，一代大奸臣董卓就被貪戀女色的呂布給砍掉了腦袋，他的部將李傕等人在賈詡的建議下絕地反擊又攻占長安，軍閥混戰的局面自此形成。羌胡番兵乘機掠擄中原一帶，蔡文姬與許多被擄來的婦女一齊被帶到了南匈奴，這一年蔡文姬二十三歲，正是如花似玉的年齡。可是，哪裡知道，她這一去，就是整整十二年。在胡地，蔡文姬日夜思念故土，後來回到漢地參考胡人聲調，結合自己的悲慘經歷，還特地創作了哀怨惆悵、令人斷腸的琴曲〈胡笳十八拍〉。

待在南匈奴的十二年裡，中原也發生了劇變。漢獻帝被曹操迎到許都，曹操挾天子以令諸侯，基本掃平了北方群雄，當上丞相。當他得知自己的好友、大文豪蔡邕的女兒被掠到了南匈奴時，心情十分沉重，決心幫一幫自己老友的女兒，便立即派周近做使者，攜帶黃金千兩、白璧一雙，將蔡文姬贖了回來。

不計前嫌進宮救夫君

蔡文姬在使者周近的衛護下回到了故鄉陳留郡（今河南省開封市），但是因為常年戰爭，家鄉早已是斷壁殘垣，已無棲身之所。無奈之下，只有接受曹操的安排，蔡文姬嫁給了屯田校尉董祀，這一年她三十五歲。

嫁給董祀不久，赤壁之戰爆發，曹操在戰爭中慘敗。蔡文姬觸景生情，感傷亂世，寫下了著名的〈悲憤詩〉，該詩被稱為我國詩史上文人創作的第一首自傳體五言長篇敘事詩，它真實而生動地描繪了詩人在漢末大動亂中的悲慘遭遇，也寫出了被掠奪人民的血和淚，是漢末社會動亂和人民苦難生活的實錄，具有史詩的規模和悲劇的色彩。其詩「真情窮切，自然成文」，在建安詩歌中別構一體，奠定了蔡文姬崇高的文壇地位。

內容如下：

【其一】

漢季失權柄，董卓亂天常。志欲圖篡弒，先害諸賢良。逼迫遷舊邦，擁主以自強。
海內興義師，欲共討不祥。卓眾來東下，金甲耀日光。平土人脆弱，來兵皆胡羌。
獵野圍城邑，所向悉破亡。斬截無孑遺，屍骸相撐拒。馬邊懸男頭，馬後載婦女。
長驅西入關，迥路險且阻。還顧邈冥冥，肝脾為爛腐。所略有萬計，不得令屯聚。

或有骨肉俱，欲言不敢語。失意機微間，輒言斃降虜。要當以亭刃，我曹不活汝。
豈復惜性命，不堪其詈罵。或便加棰杖，毒痛參並下。旦則號泣行，夜則悲吟坐。
欲死不能得，欲生無一可。彼蒼者何辜，乃遭此厄禍。邊荒與華異，人俗少義理。
處所多霜雪，胡風春夏起。翩翩吹我衣，肅肅入我耳。感時念父母，哀嘆無窮已。
有客從外來，聞之常歡喜。迎問其消息，輒復非鄉里。邂逅徼時願，骨肉來迎己。
已得自解免，當復棄兒子。天屬綴人心，念別無會期。存亡永乖隔，不忍與之辭。
兒前抱我頸，問母欲何之。人言母當去，豈復有還時。阿母常仁惻，今何更不慈。
我尚未成人，奈何不顧思。見此崩五內，恍惚生狂痴。號泣手撫摩，當發復回疑。
兼有同時輩，相送告離別。慕我獨得歸，哀叫聲摧裂。馬為立踟躕，車為不轉轍。
觀者皆噓唏，行路亦嗚咽。去去割情戀，遄征日遐邁。悠悠三千里，何時復交會。
念我出腹子，匈臆為摧敗。既至家人盡，又復無中外。城郭為山林，庭宇生荊艾。
白骨不知誰，縱橫莫覆蓋。出門無人聲，豺狼號且吠。煢煢對孤景，怛咤糜肝肺。
登高遠眺望，魂神忽飛逝。奄若壽命盡，旁人相寬大。為復強視息，雖生何聊賴。
託命於新人，竭心自勖勵。流離成鄙賤，常恐復捐廢。人生幾何時，懷憂終年歲。

【其二】

嗟薄祜兮遭世患，宗族殄兮門戶單。身執略兮入西關，歷險阻兮之羌蠻。
山谷眇兮路漫漫，眷東顧兮但悲嘆。冥當寢兮不能安，飢當食兮不能餐。

常流涕兮眦不干，薄志節兮念死難。雖苟活兮無形顏，唯彼方兮遠陽精。
陰氣凝兮雪夏零，沙漠壅兮塵冥冥。有草木兮春不榮，人似獸兮食臭腥。
言兜離兮狀窈停，歲聿暮兮時邁征。夜悠長兮禁門扃，不能寢兮起屏營。
登胡殿兮臨廣庭，玄雲合兮翳月星。北風厲兮肅泠泠，胡笳動兮邊馬鳴。
孤雁歸兮聲嚶嚶，樂人興兮彈琴箏。音相和兮悲且清，心吐思兮胸憤盈。
欲舒氣兮恐彼驚，含哀咽兮涕沾頸。家既迎兮當歸寧，臨長路兮捐所生。
兒呼母兮啼失聲，我掩耳兮不忍聽。追持我兮走煢煢，頓復起兮毀顏形。
還顧之兮破人情，心怛絕兮死復生。

戰亂的影響讓蔡文姬心情悲憤，又加上再婚後她和董祀的感情並不和睦，也導致蔡文姬神思恍惚，有苦難言。其實，董祀並不喜歡蔡文姬，畢竟當時他正值鼎盛年華，生得一表人才，又通書史，諳音律，在軍中也是高級將領，自視甚高，對於已滿三十五歲的蔡文姬也沒有多少好感了。要不是考慮到是丞相曹操強行安排的這場政治婚姻，他董祀是不會願意娶蔡文姬的。

但是，不久之後，因為一場變故，董祀徹底改變了自己當初的看法。據《後漢書．董祀妻傳》記載，董祀為屯田都尉，犯法當死。文姬詣曹操請之。時公卿、名士及遠方使驛坐者滿堂。操謂賓客曰：「蔡伯喈女在外，今為諸君見之。」及文姬進，蓬首徒行，叩頭請罪，言辭清辯，旨甚酸哀，眾皆為改容。操曰：「誠實相矜，足一騎，而濟垂死之命乎！」操感其言，乃追原祀罪。翻譯成現代文的意思就是：董祀犯了大罪，依法該當處死。蔡文姬顧不得嫌隙，蓬首跣足去了曹操的丞相府求情。曹操念及昔日與蔡邕的交情，又想到蔡文姬的悲慘身世，倘若處死董祀，文姬勢難自存，於是寬宥了董祀。

在蔡文姬求情過程中，還有一段「默寫古籍」的典故。據史料記載，蔡文姬為丈夫董祀求情時，曹操問蔡文姬：「聽說妳家原來有很多古籍，現在還能想起來嗎？」蔡文姬說：「當初父親留給我的書籍有四千餘卷，但因為戰亂流離失所，保存下來的很少，現在我能記下的，只有四百餘篇。」曹操說：「我派十個人陪夫人寫下來，可以嗎？」蔡琰說：「男女授受不親，給我紙筆，我一個人寫給你就是。」於是蔡文姬將自己所記下的古籍內容寫下來送給曹操，沒有一點錯誤。自此，蔡文姬的名聲也更為響亮了。

救下丈夫董祀後，蔡文姬與夫君回到了家裡。對於妻子蔡文姬的救命恩德，董祀心裡有說不出的感動，對她的感情也發生了細微變化。接著，他們夫妻倆看透了世事，便溯洛水而上，隱居在風景秀麗、林木繁茂的山麓，並生下了一兒一女，過上了幸福自由的生活。後來，曹操狩獵經過此處，還曾經前去探視過他們，並送上許多禮品。

一代才女名揚千古

對於蔡文姬，歷代文人對其均有較高評價。明朝學者陸時雍在《詩鏡總論》中說：「東京風格頹下，蔡文姬才氣英英。讀〈胡笳吟〉，可令驚蓬坐振，沙礫自飛，真是激烈人懷抱。」清代詩論家張玉谷也曾作詩稱讚蔡文姬的五言詩：「文姬才欲壓文君，〈悲憤〉長篇洵大文。老杜固宗曹七步，瓣香可也及釵裙。」大意是說蔡文姬的才華壓倒了漢代才女卓文君，曹植和杜甫的五言敘事詩也是受到了蔡文姬的影響。現代著名文學家郭沫若還特地寫了浪漫主義歷史劇《蔡文姬》，對蔡文姬進行了大力表揚，並自我標竿：「我就是蔡文姬也！」

如今，位於中國西安城東南藍田縣三里鎮鄉蔡王莊村西北的蔡文姬墓，該塚高約八公尺，林木蔥鬱，屬陝西省重點文物保護單位。一九九〇年代，藍田縣又在此建文姬展覽館一座，將文姬逸事及境內出土的文物陳列展出，用四體書法鐫刻〈胡笳十八拍〉於十八塊青色大理石上。一九五七年八月該展覽館被列為省級重點文物保護單位。蔡文姬紀念館收藏了有關蔡文姬的文物一百三十多件，其中擁有國家三級以上珍貴文物五十件。

不僅如此，蔡文姬的故事還傳到了國外。一九七九年，國際天文學聯合會正式頒布了三百一十座水星環形山的專有名稱。它們的命名借用了世界歷代著名文學藝術家的名字，中國有十五位傑出文學藝術家的名字登上了水星環形山，蔡琰（蔡文姬）環形山就是其中之一。這些榮譽對於一個女人來說，何嘗不是一種遲來的饋贈呢！

三國

貂蟬——為國獻身的女英雄

但凡世人形容上佳美女，大多會用上：「昭君西施美如玉，貂蟬玉環顏如碧。」這首詩中刻劃描寫的幾個女人便是享譽古今的中國「四大美女」，而大名鼎鼎的貂蟬則有「華日往田」之美譽。雖然貂蟬這個人物可謂家喻戶曉，但畢竟她只是文學作品中不斷出現的人物，比如中國「四大名著」之一的《三國演義》就對她做了濃墨重彩的介紹。但是在嚴謹的史料中，卻鮮有關於貂蟬的詳細記載。那麼，神祕的貂蟬歷史上是否真有其人呢？她的傳奇故事又是如何流傳到民間的呢？

出身是解不開的謎團

要說中國古代四大美女，大多數人都知道，她們分別是西施、王昭君、貂蟬、楊玉環。這四大美女享有「沉魚落雁之容，閉月羞花之貌」的盛譽。所謂的「沉魚、落雁、閉月、羞花」均是有精彩故事的歷史典故。「沉魚」，講的是西施浣紗的故事；「落雁」，指的就是昭君出塞的故事；「閉月」，述說的是貂蟬拜月的故事；「羞花」，談的是楊玉環醉酒觀花的故事。四大美女合稱「沉落閉羞（勢），魚雁月花（形），華日往田（態），差閒藹深（意）」。

接下來，我們主要講一講「華日往田」（態）的貂蟬。要講她，就必須談一談貂蟬的出身。俗話說，「運」由天定，但「命」卻依賴於出身。筆者查閱了許多史料，大概有好幾種說法，這就導致了貂蟬出身始終沒有定論，成為一團解不開的謎。

第一種觀點來自於羅貫中的《三國演義》，這位偉大的作家在小說中對貂蟬作了交代，稱其是王允的歌妓。這個王允到底是什麼人呢？他是漢獻帝時的大司徒，屬於「三公」之列，也就相當於是宰相。貂蟬既然是王允的歌妓，可以推斷她很可能是來自民間的貧困女子，為了生計被王允收養。學者孟繁仁先生的考證與我的猜測不謀而合。貂蟬，任姓，小字紅昌，出生在並州郡九原縣木耳村，十五歲被選入宮中，執掌朝臣戴的貂蟬（漢代侍從官員的帽飾）冠，從此更名為貂蟬。漢末宮廷風雲驟起，貂蟬出宮被司徒王允收為義女，方才成就了離間董卓、呂布父子的壯舉，間接改寫了一代王朝的歷史。

第二種觀點來源於《後漢書．呂布傳》：「卓以布為騎都尉，誓為父子，甚愛信之。常小失意，卓拔戟擲之，布拳捷得免。布由是陰怨於卓。卓又使布守中閣，而私與侍婢情通，益不自安。」翻譯成白話文的意思就是，董卓與呂布是養父子，呂布被任命為騎都尉，董卓十分信任關愛呂布。但是，呂布犯了小錯，董卓便拔戟刺他，幸虧沒刺中，遂讓呂布暗中懷恨於董卓。後來，呂布又與董卓的婢女私通。注意，這裡的婢女便是我們要提到的貂蟬。因此，從《後漢書》可以看出，貂蟬的出身不好，只是在董卓的府中當婢女。而《後漢書》是比較嚴謹的正史，身為一個並不算「梟雄」級的人物，《後漢書》是沒有必要誇大或虛構貂蟬的，因此說貂蟬是董卓的婢女，其可信度還是很高的。

第三種觀點來自《三國志．呂布傳》，書中援引《英雄記》所記載：「建安元年六月，夜半時，布將河內郝萌反，將兵入布所治下邳府，詣廳事閤外，同聲大呼，布不知反將為誰，直牽婦，科頭袒衣，相將從溷上排壁出，詣都督高順營。」又載：「布欲令陳宮、高順守城，自將騎斷太祖（曹操）糧道，布妻謂曰：『宮、順素不和，將軍一出，宮、順必不同心共守城也，如在蹉跌，將軍當於何自立乎？妾昔在長安，已為將軍所棄，賴得龐舒私藏妾身耳，今不須顧妾也。』布得妻言，愁悶不能自決。」這段話說得很清楚，書中描述的那位「科頭袒衣」的婦人，就是呂布的老婆貂蟬。

但是《三國志．關羽傳》注引《蜀記》卻又記載：「曹公與劉備圍布於下邳，關羽啟公：『布使秦宜祿行求救，乞娶其妻。』公許之。臨破，又屢啟於公，公疑其有異色，先遣迎看，因自留之。羽心不自安。」從這段記載中可以知道秦宜祿的妻子很有姿色，一代猛將關羽就對其愛慕有加，希望娶進家裡為妻，最開始曹操是答應的。但是，後來看到這個女人太過漂亮，好色的曹操便「自留之」了。關羽內心十分不悅。關羽的忠義在《三國志》中可就鮮有展現了，看來大文學家羅貫中對關羽是過分地偏愛。後來，元人雜劇《關公月下斬貂蟬》便以此事作為素材進行再創作，秦宜祿之妻也便成了傳說中的美女貂蟬，貂蟬的出身也就由此而來。

以上四種說法，只有《三國志》、《後漢書》屬於正史，以筆者來說，個人認為以上兩種更為可信一些。而另外兩種一是小說一是雜劇，各位讀者就權當飯後茶餘笑料即可。因此，貂蟬應該是呂布的妻子，或者是董卓的婢女。這兩種觀點結合在一起，那麼貂蟬就應該是董卓的婢女，長得十分好看，呂布因為垂涎貂蟬的美色，和董卓反目成仇，便把義父給殺了，從此才有了貂蟬的傳奇。對於董卓來說，貂蟬是「紅顏禍水」；而對於呂布來說，貂蟬是過不了的「美人關」。

「美人計」殺董卓為民除害

前面，我們已經研究了貂蟬的出身，接下來我們再來談一談貂蟬的「英雄事蹟」。貂蟬和西施不一樣，西施原是一位貧民靚女，被迫成為越國宮人進獻給吳王夫差。直接通俗的說法就是西施僅僅是兩個權力爭鬥者洩慾的工具，她是一件貨真價實的「交易品」。貂蟬是自己主動為民除害的，畢竟當時的董卓是漢末殘忍的大奸臣，不僅廢掉了皇帝，還搞亂了宮廷，朝中大臣被他任意宰殺，黎民百姓被他任意欺凌，宮中美女被他任意蹂躪。在這種情況下，貂蟬才勇敢地做出了犧牲。據史料記載，貂蟬見東漢王朝被奸臣董卓所操縱，眼看國將不國，民不聊生，便在月光下誠心焚香禱告上天，希望為天下分憂。她的舉動恰巧又被大司徒王允瞧見，於是便被王司徒收為義女，兩人商議之後定下了名垂後世的「連環美人計」，透過貂蟬離間董卓與養子呂布的關係，準備成就一番大事業。接著，大司徒王允開始了行動，他先把貂蟬暗地裡許配給呂布為妻，再明著把貂蟬送給奸臣董卓做妾。貂蟬嫁給董卓之後，又立即實施自己的離間計畫，她一邊盡心侍奉著肥胖的董卓，讓董卓沉湎於女人的歡愛之中，又暗暗對呂布曖昧送秋波，周旋於父子二人之間，目的就是要引起他們兩人的內鬥。呂布被貂蟬勾引得慾火難耐，卻又無法得逞，心裡別提有多麼難受。有一天，呂布趁董卓上朝時，便覺得天賜良機，火速趕到董卓府中，將貂蟬相約到鳳儀亭，希望這一次能吃到垂涎已久的「天鵝肉」。貂蟬便將計就計，在亭中與呂布談情說愛起來，兩人擁抱在一起欣賞園中的荷花，微風吹來，貂蟬秀髮飄動，清香襲人，令呂布好不神往。呂布緊緊摟住貂蟬，貂蟬順勢給了這個俊偉的男人一個香吻。正當他們親熱時，哪裡知道退朝的董卓剛好回來，瞧見了呂布和貂蟬在花園中正卿卿我我。董卓頓時大發雷霆，立即搶過呂布的方天畫戟，狠狠地朝呂布扔去。這一戟沒有刺中，呂布慌了手腳，恐慌畏懼，他沒有解釋，躲過畫戟之後便落荒而逃。

從此之後，董卓對呂布不再信任，兩人互相猜忌，心裡隔了一層厚厚的紗。在一旁看戲的大司徒王允覺得時機成熟，便暗地說服有勇無腦的呂布砍掉了奸臣董卓的腦袋，自此留下了「貂蟬離間計」的曠世傳說。

死亡是一層揭不開的紗

貂蟬利用呂布殺掉董卓後，為朝廷立下大功，呂布也因此升官。這時或許是見呂布俊偉高大，又英勇過人，貂蟬與他也就日久生情，繼而嫁給了武夫呂布，從此成了這位「赤兔將軍」的美貌妻子，跟隨他南征北戰，吃盡了苦頭。

據《三國志．呂布傳》記載，呂布最後被曹操圍困。劉備第一個跳出來極力勸說曹操定要殺掉呂布，全然不顧曾經的結盟之情。儘管呂布「負荊請罪」，但依舊沒能逃脫被殺的厄運。

身為呂布妻子的貂蟬，她的美貌是無人不知無人不曉，曹操剛剛收買的武將關羽就最是喜歡，還特地請求曹操將迷人的貂蟬賜給他為妻。最開始，曹操為收買關羽的心，沒多想便答應了，但哪裡知道當他看到現實中的貂蟬傾國傾城，令人陶醉，立即就反悔了，迅速將其帶進後宮「自留之」。這樣的事，曹操是做得出來的。《三國演義》就提到，曹操本想勸降張繡，但當看到張繡的漂亮嬸嬸鄒氏後，不顧一切就將其霸占，從此還與張繡結了仇，錯過了一次勸降收買的機會。

呂布死後，貂蟬的結局又如何呢？歷史資料上記載得不多。不過，關於貂蟬的死，史界有這樣幾種說法。

一種宣稱當時曹操將貂蟬送給了關羽，但大將軍關羽並不貪戀女色，還親自護送貂蟬回到其故鄉木耳村。貂蟬自此終身不嫁，一直守節，最後終於熬成一位貞烈老嫗。在貂蟬守節木耳村時，為謀生和豐富大眾文藝生活，她還組成戲班到處演出，其所搭建的戲臺，曾是該村的一個誘人景點。貂蟬死後，鄉人為傳揚她的貞潔品德，還特地修建了祠堂家廟進行祭奠。

另外一種說法是貂蟬被關羽納為小妾，由於戰事繁多，關羽託人將其送往成都定居。關羽本想在功成名就後回成都慢慢享用，不料自己兵敗身死，可憐的貂蟬從此流落蜀中，成了寂寞無主的村婦。

最近網上還出現了一篇新聞，也特地提到了貂蟬的死。新聞稱某老人曾於一九七一年在成都北郊拾得一塊古碑，其銘文約略為：「貂蟬，王允歌姬也，是因董卓猖獗，為國捐軀……隨炎帝入蜀，葬於華陽縣外北上澗橫村黃土坡……」這應該是有關貂蟬下落的最新證據，但一個古碑能夠證明的東西的確有限，我想它應該只能作為一種參考罷了。

貂蟬故里

貂蟬這個傳奇人物，雖然並不一定在歷史中真實存在，但她的英雄事蹟卻一直被後人不斷傳播，甚至一代又一代文人雅士，根據貂蟬的傳奇撰寫了不少優秀作品，並傳播到世界各地，引起天下人的嚮往和青睞。

最具規模的要數元代的雜劇，對貂蟬的描寫儼然形成了一個系列，其中包括《錦雲堂暗定連環記》、《奪戟》、《關公月下斬貂蟬》、《白門樓呂布被擒》等，這些作品在舞臺上不斷上演，貂蟬的故事也逐漸深入人心。

史學家蔡東藩先生也在《後漢演義》裡高度評價貂蟬：「司徒王允累謀無成，乃遣一無拳無勇之貂蟬，以聲色為戈矛，反能致元凶之死命，粉紅英雄真可畏哉。」並說：「庸詎知為一身計，則道在守貞，為一國計，則道在通變，普天下之忠臣義士，猛將勇夫不能除一董卓，而貂蟬獨能除之，此豈尚得以迂拘之見，蔑視彼姝乎，貂蟬，貂蟬，貂蟬，吾愛之重之！」

另外，後世之人為了紀念美麗的貂蟬，常到貂蟬的故里忻州市東南三公里的木芝村（原名木耳村）去參觀遊覽。據介紹，該村原有過街牌樓、前殿、後殿、王允街、貂蟬戲臺和貂蟬墓。當地政府特地打造了貂蟬陵園，由鄉民在墓地原址上復原築砌。陵園位於村之西南，占地面積四千多平方公尺，四周圍以紅底黃瓦波浪式龍形圍牆，門檐上懸「貂蟬陵園」橫匾，兩側有「閉月羞花堪為中國驕傲，忍辱步險實令鬚眉仰止」金文集聯。陵區北院內建拜月亭和鳳儀亭，後部建青石墓臺，臺前有貂蟬像碑，在飄帶的映襯下，貂蟬步履嫻雅，婀娜多姿，猶有「閉月羞花」之貌。南院建仿古建築二十間，闢為「蟬彩塑館」，反映貂蟬「不惜萬金軀，何懼險象生」驚天動地的一生。

據當地鄉民傳說，當年關羽將貂蟬護送回了故里，便又出去打仗，沒想到最後慘死他鄉。貂蟬守寡一生，老死於木耳村。所以在陵園後殿有關羽像，殿前有意為貂蟬演戲的戲臺，都是報答關羽拒殺和護送之恩。這位傳奇女佳人的故里，定有許多值得你喜歡的地方。到了那裡，或許你還能找尋到那些早被湮沒的蛛絲馬跡……

唐

文成公主——終止戰爭的「和親利器」

在古代，兩個國家之間面臨戰爭時，往往會採取一種比較緩和的處理方式，說得委婉一點可以用「和親」二字作為概括，說得直接而真實一點則是一種「人身交易」。譬如先秦時，西施就作為越國的「人身利器」送給了吳王夫差，因而阻止了更慘烈的戰爭，換來了十餘年的和平。到了大漢初年，劉邦也利用美女作為賄賂品成功解除了「白登之圍」，順利為大漢換來了休戰和平。唐代也不例外，文成公主就是其中最鮮明的模範，本為宗室子女的她卻冒充大唐公主，嫁給了吐蕃王松贊干布，化解了一觸即發的戰爭，也為後世文人提供了和親的模範文本。但是，文成公主與西施等人並不一樣，她出嫁的方式、受到的待遇，以及在後世評價中，都有著不同尋常的特殊意義。

吐蕃王求親要娶大唐公主

要說文成公主這個人，首先得看她的身世。文成公主本不是唐太宗的親生女兒，而是大唐臣子李道宗的孩子李氏。如果不是後來吐蕃王松贊干布攪局，李氏也就不會披上公主的「外衣」，而會嫁給一位尋常大臣的兒子了此一生，或許還能過上甜蜜的婚姻生活。

然而，命運並沒有給李氏這個選擇的機會。那一年，松贊干布剛剛統一了吐蕃，並創立了自己的國家，還學習秦始皇嬴政統一了度量衡，在西域打開了自己的天地。有了強大的政權為依託，吐蕃王也想擁有自己的特權和榮譽。當時，西域各王以能娶大唐公主為榮，西域的突厥和吐谷渾王就迎娶了唐朝公主為妃。吐蕃王松贊干布心裡就騷動了，他也派遣使臣到了唐朝，提出要像突厥王一樣，迎娶唐朝公主為妻。但是，求婚的事卻因為吐谷渾從中作梗給擾亂了。

這個事並不是空穴來風，而是有史料作證。「宋朝四大書」之首的《冊府元龜》中就記載：「初至，大國待我甚厚，許嫁公主。會吐谷渾入朝，有相離間，由是禮薄，遂不許嫁。」這段話說得很清楚，本來唐太宗對吐蕃使臣還是不錯，但是由於吐谷渾王離間說壞話，大唐便輕視了吐蕃使臣，還不願意許配公主。

既然吐谷渾王這麼沒有義氣，背後做小人，那麼松贊干布可不會這麼輕易算了，於是具有雄才大略的松贊干布立即組建軍隊，開始進攻吐谷渾。很快，沒多少實力的吐谷渾王就被松贊干布打敗了。之後，松贊干布又一鼓作氣攻下了党項、白蘭羌，直逼唐朝的松州（今四川省松潘縣），揚言若大唐不許配一個公主，他就要大舉入侵唐朝，起碼要搶一個公主回去。

松贊干布太天真了，這時的大唐可不是末期的漢朝。當時，大唐有偉大的軍事家侯君集在世。侯君集派遣先鋒牛進前去迎擊松贊干布軍隊，自己又率領主力大軍往松州方向趕去準備一舉殲滅。哪裡知道，侯君集主力還沒趕到，松贊干布就被牛進的部隊給擊敗了。

這一下嘗到大唐軍隊的厲害，吐蕃王松贊干布感到非常害怕，立即率領部下退回到了吐谷渾、党項、白蘭羌境內，並派遣了自己的親信大使——宰相祿東贊前往大唐謝罪，並帶了黃金五千兩及相等數量的其他珍寶正式向大唐下聘禮，希望以誠心感動太宗皇帝，為自己迎娶一個漂亮的公主妻子。

吐蕃王誠心要娶大唐公主的消息立即便傳遍了全國，天下百姓及四方諸侯都在等待著天子的最終回答，一次命運的轉折卻悄悄地走近了毫不知情的李氏。

大唐王朝「六難婚使」試誠意

雖然，大唐軍隊打敗了吐蕃，卻讓唐太宗看到了吐蕃的實力。身為一代雄主的李世民認為吐蕃王的確有迎娶公主的條件，於是便鬆口答應了這門婚事，並安排了李道宗的女兒李氏以公主身分遠嫁過去。但是，唐太宗雖然答應了，卻設計了許多難題試驗吐蕃婚使的誠意。

由於當時天竺、格薩、大食、霍爾等地的國王均派遣了使臣到大唐進貢，並提出求婚希望迎娶漂亮的文成公主。唐太宗頓時有了主意，他立即決定讓各國婚使比賽智慧，要是誰在比賽中勝出，誰才可以把美貌的公主迎回國，這便是歷史上有名的「六試婚使」。

第一試：用一根柔軟的綾緞穿過明珠的九曲孔眼。比賽開始，其他幾國的使臣絞盡腦汁也未能穿過去。聰慧的吐蕃使臣祿東贊找來一根絲線，將絲線的一頭繫在螞蟻的腰上，另一頭則縫在綾緞上。接著，他在九曲孔眼的端頭抹上蜂蜜，當螞蟻聞到蜜味，便帶著絲線，順著彎曲的小孔，緩緩地爬了進去，結果綾緞也隨著絲線穿過了九曲明珠。

第二試：辨認一百匹騍馬和一百匹馬駒的母子關係。比賽一開始，各國婚使便爭先開始辨認起來，他們分別按照毛色、老幼、高矮等方法辨認，但都沒能準確認出。這時，吐蕃的使臣想起自己曾經得到過馬伕的指正教導，便把所有的母馬和馬駒分開關在不同的房間。然後，他吩咐不准給馬駒投料，也不給水喝。過了一天，當馬駒重新放回馬群中時，口渴難耐的小馬駒很快就找到了自己的母親。祿東贊採用了換位思考的辦法，既然讓人來識別馬駒和騍馬的母子關係，還不如將問題丟給小馬駒，有哪一個孩子不認識自己的母親呢？因此，吐蕃使臣在這一局中完勝其他諸國使臣，離迎娶文成公主進了很大一步。

第三試：規定百名求婚使者一日內喝完一百罈酒，吃完一百隻羊，還要把羊皮鞣好。比賽開始，別的使者和隨從匆匆忙忙地把羊宰了，棄得滿地又是毛，又是血；接著大碗地喝酒，大口地吃肉，肉還沒有吃完，人已酩酊大醉，哪裡還顧得上鞣皮子。祿東贊則讓跟從的一百名騎士排成隊殺了羊，並按順序一面小口小口地喝酒，小塊小塊地吃肉，一面鞣皮子，邊吃邊喝邊做邊消化，不到一天的工夫，吐蕃的使臣們就把酒喝完了，肉吃淨了，皮子也搓鞣好了。

第四試：太宗交給使臣們松木一百段，讓他們分辨其根和梢。祿東贊遂令人將木頭全部運到河邊，投入水中。木頭根部略重沉入水中，而樹梢那邊較輕則浮在水面，木頭根、梢顯而易見。

第五試：怎樣在夜晚出入皇宮不迷路。晚上，宮中突然擂響大鼓，皇帝傳召各路使者赴宮中商量事情。祿東贊想到初來乍到長安，路途不熟，為不致迷路，就在關鍵路段塗上顏色。到皇宮以後，皇帝又叫他們立即回去，看誰能不走錯路回到自己住處。結果，祿東贊憑著自己事先做好的記號，再次取得了勝利。

第六試：辨認公主。這天李世民在殿前親自主試。三百名衣著華麗、相貌彷彿的宮女，分左右兩隊依次排開，宛如三百名天仙，令人眼花撩亂，遐想連篇。其他各國使者被宮女們的美貌吸引了，也分不清到底哪位才是文成公主。只有祿東贊因為事先做了準備工作，知道文成公主眉目娟麗，體態窈窕，膚色白皙，雙眸炯炯有神，右頰有骰子點紋，左頰有一蓮花紋，額間、頸部各有一顆痣。透過這些特徵，祿東贊反覆辨認，終於在左邊排行中的第六位認出了文成公主，取得了最後的勝利，成就了千古佳話。

龐大隊伍浩浩蕩蕩開進吐蕃

確定文成公主遠嫁吐蕃王松贊干布後，唐太宗開始下令著手準備送親的隊伍。當時的情況是這樣，朝廷安排文成公主的親生父親李道宗為送親的主婚使節，另外還準備了豐厚的嫁妝。比如各種五行經典、工藝技術、紡織農稼，還有醫學論著和醫療器械，而最珍貴的一件陪嫁，則是釋迦牟尼十二歲等身像。另外，送親隊伍還帶了大量書籍、樂器、絹帛和糧食種子，隊伍中不乏文士、樂師和農技人員。唐太宗除了準備豐厚的婚禮外，為什麼還要送去文士和農機人員呢？原來他有遠大的打算，希望此次和親不僅是對吐蕃進行籠絡，還要千方百計從經濟和文化上使吐蕃在潛移默化中感激和追隨大唐。

貞觀十五年（西元六四一年）正月，文成公主在其父親李道宗的護送下，隨吐蕃請婚使節踏上了西去的道路。他們一行從長安出發，途經隴南（今甘肅省隴南市）、西海（今青海省青海湖）、吐蕃（今西藏地區）等地，雖歷盡千險，但也留下不少傳說。比如青海湖的由來，據藏民傳說，當時唐太宗知道漢族子女遠嫁他鄉定會思念長安，為了解文成公主的思鄉之苦，便賜給了她一面寶鏡。無論文成公主身在何處，只要拿出寶鏡，鏡中定會顯出長安的景象。這有一點像當今的照片和影片，但不過當時技術沒這麼高超。不管怎樣，唐太宗在這一點上還是很有心了。但是，文成公主卻在唐蕃分界之地，準備棄轎乘馬時，沒有將寶鏡帶走。這面留下的寶鏡，自此便成了美麗的青海湖。湖水蕩漾，清澈如鏡，文成公主一面走一面回頭流淚，竟不知不覺流成了「倒淌河」，所以才會有「天下江河皆東去，唯有此水向西流」。然而，故事雖美，但終究是傳說。正如后羿射日一樣，怎麼可能一把鐵箭就能射穿比火還烈的太陽呢。

另外，送親隊伍經過林芝地區時，為了避邪，文成公主便穿著獸皮，希望可以平安經過。進入藏區後，文成公主又將用過的獸皮賜給了該地的門巴侍女。哪裡想到，自此之後，門巴族的女子便有了披羊皮為飾的風俗。少女披羊尾和四條腿俱全的小羊皮，成年女子披牛犢皮或山羊皮，習俗從此沿襲至今。

經過一個多月的長途跋涉，文成公主一行到達了黃河的發源地河源，而松贊干布早已率領著自己的大部隊到此地迎接自己心愛的新娘。當看到大唐使臣江夏王李道宗時，松贊干布立即低頭便拜，行了子婿大禮。李道宗立即請出貌美如花的文成公主與松贊干布相見，這位馳騁高原的吐蕃王一見到中土的金枝玉葉，頓時為之傾倒。

接著，送親和迎親的隊伍前呼後擁、浩浩蕩蕩進入了邏些城（今拉薩）。在江夏王李道宗的親自主持下，松贊干布與文成公主按照漢族的禮節，舉行了盛大無比的婚禮，全城的老百姓都歡欣慶賀。松贊干布摟著漂亮的文成公主，別提有多高興了，他自豪地對部屬說：「我的族人，我的父親，他們都沒有與大唐通婚的先例。今天，我做到了，並娶了靚麗的大唐公主為妻，這是我的榮耀，也是我們吐蕃國的榮耀。因此，我要宣布，馬上為公主修築一座華麗的宮殿，以留示後代。」

聽到松贊干布的承諾，文成公主心裡有了一絲欣喜。是的，他以為自己會嫁給一位野蠻的異域國王，自己會被用來發洩性慾，根本不敢奢望有什麼愛情。但是，當自己看到松贊干布的那一刻起，她知道自己此次的出嫁並沒有想像的那麼糟糕。

松贊干布為其修建一座城

據相關史料記載，松贊干布沒有食言，他很快就開始了自己的行動，修建新城——布達拉宮。由於松贊干布非常喜歡賢淑多才的文成公主，在前面做出修建新城的承諾之後，他接著立即安排手下特地為文成公主修築布達拉宮，共有一千間宮室，富麗壯觀。（可惜布達拉宮後來毀於雷電、戰火，經過十七世紀的兩次擴建，形成現在的規模。布達拉宮主樓十三層，高一百一十七公尺，占地面積三十六萬多平方公尺，氣勢磅礡。）目前，若去布達拉宮旅遊的人則會發現，宮中還保存有大量內容豐富的壁畫，其中就有唐太宗六難吐蕃婚使祿東贊的故事，文成公主進藏一路遇到的艱難險阻，以及抵達拉薩時受到熱烈歡迎的場面等。這些壁畫構圖精巧，人物栩栩如生，色彩鮮豔。西藏的布達拉宮遺址後面還有松贊干布當年修身靜坐之室，四壁陳列著松贊干布、文成公主、祿東贊等的彩色塑像。

不過，也有學者提出，松贊干布為文成公主修建布達拉宮屬於子虛烏有。他們認為，布達拉宮是由松贊干布的天祖（高祖父的父親）贊普拉脫脫日聶贊首建，而後在尼妃尺尊的主持下進行了擴建，形成了更為盛大的規模。文成公主入藏時，松贊干布和他的后妃們早已在布達拉宮中居住多時，所謂布達拉宮是松贊干布專為文成公主而建，其實是一個彌天大謊。

不管學者如何爭論，筆者認為應以教科書為準，雖然也不一定是歷史的真實，但暫且以此為依據吧。

除了修建布達拉宮，松贊干布還答應了文成公主建寺弘法的建議。據《大昭寺志》記載，西元六三九年，尺尊公主已開始選址造寺，只是占卜所選的地方是拉薩的沼澤地，雖然奠了基，但這座寺不是建了倒塌，就是怎樣也建不起來。文成公主到了西藏後，尺尊公主承認能力不夠，便派婢女帶著一升金砂請求幫忙。於是，文成公主便安排自己的工匠經過「博唐」數理推算，發現整個西藏的地形宛如女魔仰臥之狀，極不利於王朝統治，而尺尊公主所選的沼澤臥塘湖，恰恰是魔女的「心血」，旁邊有紅山與夾波日山則為「心骨」，必須施法鎮壓才能建寺。尺尊公主無奈，只得認同文成公主的提議，在娘熱鄉帕邦喀的岩山上，熔鐵水灌凝磚土，修建九層碉樓，四面拴以鐵鏈，使其牢固，然後修法禳災，終於堵住了泉眼，建成了赫赫有名的大昭寺。但是《教法史》提出了不同的觀點，稱尺尊公主帶頭修建大昭寺失敗，無奈便由文成公主獨立主持修建了大、小昭寺，兩寺同日開工、同日建成、同日開光。

不過，無論怎樣，大、小昭寺修建之後，佛教開始在雪域高原上扎根。後來雖經過歷次滅法與復興，但是藏傳佛教已經蔚為壯觀。

自從聯姻之後，松贊干布開始學習漢族文化，他脫掉氈裘，改穿絹綺，並派吐蕃貴族子弟到長安國學院讀書。另外，松贊干布與文成公主的婚姻感情也還算不錯，許多事情他都會接受文成公主的建議。比如，文成公主到吐蕃後，發現吐蕃人每天要用赭色製土塗敷面頰希望驅邪避魔，樣子十分難看又不舒服，她認為這樣做毫無道理又有礙衛生，實在是一項鄙俗的陋習，便婉轉地向松贊干布提出了自己的看法。松贊干布聽了覺得很有道理，立即下令廢除了這項習俗。

夫死之後文成公主一路消沉

然而，這樣的日子並沒有維持多久，永徽元年（西元六五〇年）松贊干布就不幸去世了，時年三十五歲。據《紅史》記載，松贊干布在三十一歲時，曾經將贊普之位讓給時年十三歲的兒子貢松貢贊。可惜這位小贊普年壽不永，剛十八歲就死去了，死在了松贊干布的前面。

關於松贊干布的早逝，至今說法不一。有說是思子病逝（逝於拉薩北邊的彭域色莫崗，今林周縣彭波農場附近），也有說是出征戰死，還有說是和他的父親一樣被反叛者毒死。但不管怎樣，松贊干布死了，文成公主自此沒有了依靠。她本來可以選擇回到大唐，但最後文成公主打消了這種念頭。據說，文成公主住在拉薩，經常去布達拉宮對面的藥王山上東望家鄉，希望能看到遠方前來的故人。

時間總是那麼慢，不知道文成公主是怎樣度過了自己餘生的三十年。據《新唐書》記載，唐高宗永隆元年（西元六八〇年），文成公主逝於吐蕃，享年五十五歲。這時太宗早已去世，在位的唐高宗派遣了使臣前去弔祭，對文成公主所做的貢獻進行了表彰。

文成公主去世後，吐蕃人將她的遺體送到了雅礱瓊結（今山南地區瓊結縣境）墓王墓區進行了安葬，與自己的丈夫松贊干布葬在了一起，也算是對文成公主的一種愛戴吧。因為，這裡是藏族先民發源之地，也是歷代吐蕃贊普的最後歸宿。

文成公主雖然去世了，但她的貢獻及成就卻永遠被後人銘記。從為公的角度來說，文成公主是偉大的。她熱愛藏族同胞，深受百姓愛戴。在她的影響下，漢族的碾磨、紡織、陶器、造紙、釀酒等工藝陸續傳到吐蕃；她帶來的詩文、農書、佛經、史書、醫典、曆法等典籍，促進了吐蕃經濟、文化的發展，加強了漢藏人民的友好關係。她帶來的金質釋迦佛像，至今仍受藏族人民的膜拜。

但是，從私利的角度，文成公主卻是悲劇式的。儘管後世無數的詩歌和戲曲仍然在不斷傳頌著文成公主的故事，她那風華絕代的身影也依舊在神山聖湖間款款搖曳，但是她沒有自己的自由。是的，一個人連自己的婚姻都不能做主，這不是很可悲嗎？所謂的任何「上層階級的榮華富貴」或許僅僅都是別人眼中的閃耀星光，但對於文成公主卻永遠只是流星，因為天空那麼大，卻永遠沒有她自己的空間和位置！

武則天——功過成敗自有後人評說

很多的史料均稱武則天是中國第一位女皇帝，然而事實並非如此。歷史上比武則天更早稱帝的女人有兩個：一個誕生於北魏，不過只是另一個女人安排的一場鬧劇，她匆匆登位又匆匆死去，歷史上連她的名字都沒有留下，人們都稱她「雲姑娘」；另一個則是唐高宗時期舉起起義大旗的貨真價實的女皇帝陳碩真。雖然這兩個女人比武則天更早，但是在歷史中所留下的光輝卻不知遜色多少。因為，這個女人先後駕馭三個皇帝，並統治了大唐帝國長達五十年，一直活到八十二歲才死去，其卓越的治國才華令不少男性也紛紛折腰欽佩。在她的墓碑上更是無一字記敘，功過成敗一切留給後人評說。

出身並不卑微，長在顯宦家庭

武則天與楊貴妃一樣出身並不卑微，生長在顯宦家庭。她的父親是大唐開國功臣武士彠。這個武士彠是什麼人呢？史料記載他生於北周武帝建德六年（西元五七七年），青年時期經營過木材生意，因此大富。據《冊府元龜》記載，武士彠「才器詳敏，少有大節，及長，深沉多大略，每讀書，見扶主立忠之事，未嘗不三復研尋，嘗以慷慨揚名為志」。看來他也是一個有才華有政治抱負的人，後來隋朝末年爆發農民起義，武士彠棄商從戎，立了不少戰功。李淵在太原起兵時，建立大將軍府，武士彠為大將軍府司鎧參軍，並隨唐軍西行進入長安。唐朝建立後不久，李淵對支持他起兵的功臣大加封賞，武士彠為二級功臣，並給予他以犯罪免死的優待。《舊唐書》、《新唐書》均記載他「武德中，累遷工部尚書」，而《冊府元龜》也記載：「武士彠，武德中為工部尚書，判六尚書，賜實封八百戶。」大唐的杜甫也才混了一個工部侍郎，武士彠卻當了工部尚書（相當於內政部長），雖有史料記載他再三請辭，但終究是朝廷的功臣，其地位是可想而知的。

武則天的父親是開國功臣，其母親楊氏更是出身於隋朝皇室，為隴右大士族、隋朝宰相、遂寧公楊達之女。她還有異母兄長武元慶、武元爽，另有同母姐妹兩人，一位是後來的韓國夫人武順，另一位是郭夫人（嫁於郭孝慎）。

出生在這樣的顯貴之家，豪奢的生活可能滋養了武則天的權力欲。於是乎，自幼聰慧敏俐，極善表達，膽識過人的武則天不僅學習歌舞，更是對文學、歷史、政治很感興趣。她父親武士彠深感其是可造人才，便請了名師教她讀書識字，使其通曉事理。據史料記載，武則天十三四歲時，已是博覽群書，博聞強記，詩詞歌賦無所不通，而且長於書法，字態卓犖不群，得到時人的高度讚揚，使得武士彠非常有面子。

入宮並未受寵，使計達到目的

貞觀十一年（西元六三七年）十一月，武則天十四歲時，皇帝海選宮女，因為其儀容舉止美，便被選入皇宮。一般家庭的女孩，很多聽說要選入皇宮，大多會哭哭啼啼，害怕進入了陰森冷宮，一輩子也再難出來了。而武則天卻與其他女孩不一樣，她入宮之前向寡居的母親楊氏告別時說：「我這是去侍奉聖明天子，豈知非福？為何還要哭哭啼啼、作兒女之態呢？」

然而事情並沒有武則天想像的那麼簡單，剛入宮的那一段時間，她並沒有受到皇帝的寵幸。畢竟後宮佳麗三千，都是從民間選出的絕色女子，武則天又能算什麼呢？她也只有淪為芸芸眾生了。

轉眼間兩個月過去了，武則天依舊沒能見上太宗一面，她整日待在掖庭宮裡，跟太監學一些規則、禮儀、用語等方面的知識。同時，她也不忘記觀察。透過打聽，武則天了解到與自己一同進宮的徐惠將要被太宗寵幸。於是，她便千方百計討好徐惠，並與其結拜為姐妹，希望透過徐惠的幫助接近太宗。

幾天後，徐惠果然被皇上寵幸。武則天按捺不住喜悅，事情進展得和她預料的差不多，她為自己下一步謀劃著，甚至每個細節、每個對話和每個動作都進行了排練，同時還積極行動，託太監捎信給徐惠。

徐惠沒有忘記武則天，皇上賞識她的才華，封她為婕妤。一有機會，徐惠就向太宗說武則天的好處。透過徐惠的表揚，太宗有了想見見武則天的打算。幾天後，太宗下令召見了武則天。當時，他確實被武則天的美驚呆了，隨後便寵幸了武則天，並賜號為「媚娘」。

太宗馬場馴馬，則天獻策挨批

武則天被寵幸之後，與太宗過上了一段時間的幸福生活。透過了解觀察，唐太宗發現武則天不僅人長得漂亮，還極有學識，且懂禮儀，便把她從侍穿衣著的行列，調入御書房侍候文墨。這一變故使武則天開始接觸皇家公文，了解了一些宮廷大事，並能讀到許多不易得見的書籍典章，眼界頓闊，日漸通曉官場政治和權術。

但是，好日子並沒有維持多久，後來的一件事卻讓唐太宗對武則天有了一些厭倦，或者說是討厭。由於太宗特別喜歡駿馬，他有一匹烈馬叫獅子驄，肥壯任性，沒有人能馴服牠。當時正在一旁侍奉的武則天卻自告奮勇地對唐太宗說：「陛下，我能制服這匹馬！」太宗聽了後，擺了擺手說：「妳一個弱女子，如何能馴服烈馬，不要胡鬧了！」「陛下，我真的能，您不妨讓我一試！」武則天表現得很有信心。

為了不傷害到自己的美人，唐太宗便笑著說：「妳說說怎麼馴服？」「陛下，要讓我馴服這匹烈馬，得給我三樣東西：一是鐵鞭，二是鐵棍，三是匕首。用鐵鞭抽打牠，不服，則用鐵棍敲擊牠的腦袋，又不服，則用匕首割斷牠的喉管。」武則天滿懷信心地說。

唐太宗聽了武則天的話，臉上顯出不悅的神色，他無法理解，眼前這個嬌媚的女人怎麼會說出如此血腥的話，對武則天的好感度也大幅下降。

自那之後，武則天得到太宗的寵愛越來越少，以至於做了十二年的才人，武則天的地位始終也沒獲得提升。

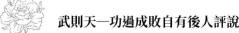

媚娘寺廟為尼，太子一往情深

武則天幾乎將自己所有的青春年華都獻給了陰森的皇宮，她並沒有得到唐太宗寵愛，而是孤獨地過著自己的失落生活。然而，命運有時真會開玩笑，就在武則天對生活感到絕望之時，太宗病了，而太子李治又走進了武則天的生活。

據《新唐書》記載，在太宗病重期間，武則天和太子李治建立了感情，兩人甚至到了如膠似漆的程度，這似乎也預示著武則天的命運將從這個男人身上得到改變。

貞觀二十三年（西元六四九年），唐太宗駕崩，武則天依唐後宮之例，和部分沒有子女的嬪妃們一起入長安感業寺為尼，雖然這樣，她並不悲觀。因為深愛她的新皇帝李治已給她許諾，只要等到機會就會接她出寺，並娶她為妻。

永徽元年（西元六五〇年）正月初六，唐高宗李治立妃王氏為皇后。當年五月二十六日，逢太宗忌日，李治藉機到感業寺行香，見到了心愛的武媚娘。媚娘見到高宗，終有千言萬語，也抵不過洶湧而下的淚水。見媚娘如此難過，高宗心裡真是分外感傷。身為皇帝，他多麼想馬上就接媚娘回宮呢！可是，他卻不能這麼做。於是李治也只能安慰媚娘，跟著她一起感傷落淚。當晚，兩人便在室內鴛鴦歇息，所有的悲痛都感化在兩人的纏綿中。

高宗走後，武媚娘心裡別提有多麼難過，她隨時關注皇宮的動向。當她得知王皇后因無子失寵，頓時興奮難耐，並悄悄留了長髮，隨時等待著高宗接她回宮。

她的願望終於實現了。永徽二年（西元六五一年）八月，武媚娘被高宗接到皇宮，以一般宮女身分待在王皇后身邊。經過一段時間的蟄伏，武媚娘最終得到了高宗的專寵，並開始踏上政治舞臺。

打敗諸多情敵，後宮一枝獨秀

其實，在當尼姑時，武則天就懷上了李治的孩子。在入宮後，她很快就為高宗生下了兒子李弘。這些都為武則天打敗情敵營造了良好的條件。

首先，武則天將苗頭對準了正受寵的蕭淑妃。由於王皇后非常不喜歡這個女人，便希望和武則天聯手共同對付情敵。武則天當然十分樂意，沒有費多少力就迅速打敗了蕭淑妃。永徽三年（西元六五二年）五月，蕭淑妃失寵之後，武則天便被拜為二品昭儀。

蕭淑妃這個釘子被拔掉之後，武則天又開始針對昔日的同盟進行攻擊了。由於武則天工於心計，心狠手辣，又兼涉文史，沒有多少才能的王皇后哪裡是她的對手呢？

永徽五年（西元六五四年），武則天產下長女安定思公主。據相關史料記載，在安定思公主出生後一月之際，王皇后來看望，憐愛地逗弄公主玩，王皇后走出去後，武則天趁沒人就將女孩掐死，又蓋上被子。正好李治來到，武則天假裝歡笑，打開被子一同看孩子，卻發現女兒已經死了。武則天當時大聲啼哭起來，問身邊的人是怎麼回事，身邊的人都說：「皇后剛剛來過這裡。」李治勃然大怒，說道：「心狠的皇后居然殺了我的女兒！」武則天這時趁機哭泣著數落王皇后的罪過。

見到突如其來的變故，王皇后根本無法解釋清楚，李治從此便有了「廢王立武」的打算。不過此事，也還是有一些爭議。王皇后再傻也不會掐死武則天的女兒，畢竟女兒是不會去爭奪太子之位的。另外，王皇后心腸並不壞，殺子這樣的事應該做不出來。當然，虎毒不食子，武則天也應該不會殺自己的孩子。據五代的《唐會要》記載，小公主可能死於暴卒，並不是武則天或王皇后所殺。不過這件事後來成為武則天陰險殘忍的一大代表性事件，終究很難被翻案。

有了這次陷害之後，武則天又千方百計找王皇后的毛病。永徽六年（西元六五五年）六月，武則天打聽到王皇后與其母柳氏在進行用詛咒制服人的法術，便設計讓李治得知。之後，李治大怒，打算將自己的丈母娘柳氏趕出皇宮，而且還要把武則天由昭儀晉封為一品宸妃。

但是，這一次依舊沒能徹底打敗王皇后。因為當時的宰相韓瑗和來濟都強烈反對此事，李治也沒有辦法，事情就這麼擱置了。其實李治廢黜皇后的另外一個打算，還是為了重振皇權。當時以長孫無忌為首的元老大臣勢力非常強大，李治做許多事情都受到了牽制。因此，李治想透過「廢王立武」來振興自己的權威，武則天恰恰利用了這一點，一來當好高宗政治上的「戰友」，二來實現自己個人的目的。

面對如此複雜的形勢，武則天知道必須培植自己的勢力，於是她找到了中書舍人李義府。透過密談，兩人於是結盟，之後李義府第一個支持「廢王立武」，同時得到了李治和武則天兩人的重賞。這時很多兩面派的官員看到支持「廢王立武」有利可圖，便紛紛倒戈加入武則天的隊伍，許敬宗、崔義玄、袁公瑜等大臣也順勢投遞了立武昭儀為後的奏章。

看到這麼多人支持，武則天別提有多高興了，李治也更加堅定了廢立之意。這時，朝中的功臣元老中李勣恰當地說了一句：「此陛下家事，何必問外人。」真正徹底打動了李治的心。最後，高宗李治頒下詔書：以「陰謀下毒」的罪名，將王皇后和蕭淑妃廢為庶人，並加以囚禁；她們的父母、兄弟等也被削爵免官，流放嶺南。七天之後，李治又再次下詔，將武則天立為皇后。同時，反對武則天的長孫無忌、于志寧、韓瑗、來濟等人也接連被削職免官，貶出京師。至此，李治基本實現了君主集權，武則天的時代悄然到來，中國歷史也有了新的篇章。

二聖共掌朝政，則天獨唱主角

當上皇后之後，武則天並沒有就此罷休，反而變本加厲向更高權位邁進。顯慶五年（西元六六〇年）十月，李治因為中風發作，無法處理國家大事，武則天藉機自薦幫忙處理朝政。李治最開始統一大權便放開手讓武則天處理，但經過一段時間發現，武則天權力欲望太強，甚至差點奪得自己的帝權，李治心生不滿，於是與武則天之間感情出現裂痕，便想藉機將武則天的皇后位置給罷免了。麟德元年（西元六六四年），李治便暗示宰相上官儀起草廢掉武則天的詔書。哪裡知道墨跡還未乾，武則天就及時發現，於是她軟硬兼施，使得李治廢掉皇后的事以失敗告終。皇后位置未廢，武則天權勢更盛，她又建議與高宗一起上朝，臨朝聽政，合稱「二聖」。這時的李治根本無法再控制武則天，也就只能無可奈何地同意了。

當了天后，武則天迅疾顯示出卓越的政治才能，她提了十二條關於政事的建議：一、勸農桑，薄賦傜；二、給復三輔地（免除長安及其附近地區之傜役）；三、息兵，以道德化天下；四、南、北中尚（政府手工工場）禁浮巧；五、省功費、力役；六、廣言路；七、杜讒口；八、王公以降（下）皆習《老子》。九、父在為母服齊衰（喪服）三年（過去是一年）；十、上元（年號）前勛官已給告身（委任狀）者，無追核；十一、京官八品以上，益稟入（增加薪水）；十二、百官任事久，才高位下者，得進階（提級）申滯。

以上十二條建議，李治全部同意，並立即開始實施。另外由於武則天當過尼姑，對於佛教十分推崇，在她掌權後，便將佛教的地位排在了道教之上。同時，她還以「亞獻」的名義與李治一塊封禪泰山，而且還為百官賜爵加階，使百官對她感恩戴德，其政治影響力遠遠超過了高宗李治。

一代女皇登基，奠定武周盛世

永淳二年（西元六八三年）十二月，李治駕崩，臨終遺詔：太子李顯於柩前即位，軍國大事有無法裁決者，由天后決定。四天以後，李顯即位，是為唐中宗，尊武則天為皇太后。

不過，這個中宗李顯連高宗也不如，典型的軟弱皇帝。在光宅元年（西元六八四年）二月，中宗李顯想任命自己的岳丈韋玄貞為侍中，當時的宰相裴炎力諫，李顯居然傻不拉嘰地說：「朕即使把天下都給我的岳丈韋玄貞，那又怎麼樣呢？我怎麼會在乎一個侍中？」

聽到這消息，武則天十分氣憤，便趁此為藉口將李顯廢黜為廬陵王，並遷於房州。之後，武則天又立自己另外的一個兒子豫王李旦為帝，是為唐睿宗，之後武則天當朝處理國政，代行皇帝職權，自專朝政。

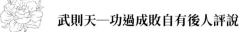

中宗被廢之後，引起了許多人的不滿。其中最有代表性的就是徐敬業兄弟。光宅元年（西元六八四年）九月，徐敬業、徐敬猷兩兄弟聯合唐之奇、杜求仁等以支持廬陵王為號召，在揚州舉兵反武，十多天內就聚合了十萬部眾。當時，大唐著名詩人駱賓王也參與其中，並寫下了著名的〈代徐敬業傳檄天下文〉。這篇檄文立論嚴正，先聲奪人，將武則天置於被告席上，列數其罪。借此宣告天下共同起兵，造成了很大的宣傳鼓動作用。據《新唐書》所載，武則天初覩此文時，還嬉笑自若，當讀到「一抔之土未乾，六尺之孤何託」句時，驚問是誰寫的，嘆道：「有如此才，而使之淪落不偶，宰相之過也！」可見這篇檄文煽動力之強，駱賓王的才華打動了武則天。只可惜，一失足成千古恨，一代大才子參加叛亂後竟杳無音信，不見蹤影了。

徐敬業的叛亂徹底惹惱了武則天，她當即以左玉鈐大將軍、李孝逸為揚州道大總管，率兵三十萬，前往征討。十一月，徐敬業兵敗自殺。之後，武則天又先後剷除了反對自己的皇室顯貴，為自己登基排除了障礙。

載初二年（西元六九一年）七月，武則天的親信安排法明等撰《大雲經》四卷，稱武則天是彌勒佛化身下凡，應作為天下主人。九月，侍御史傅遊藝也率關中百姓九百人上表，請改國號為周，賜皇帝姓武。這些是不是和後來的宋太祖黃袍加身，以及前朝的大漢帝王劉邦登基有些相似呢？他們都是借助迷信的方式迷惑眾人，為自己登上九五之尊找一個合理的藉口罷了。武則天看時機成熟了，便大大方方地准所請，改唐為周，改元天授，尊號聖神皇帝，但仍以李旦為皇嗣，賜姓武氏。她立武氏七廟於神都，追尊周文王為始祖文皇帝；立武承嗣為魏王，武三思為梁王，其餘武氏多人為王及長公主。

巾幗不讓鬚眉，算是鮮有雄主

當了皇帝之後，武則天開始進行改革，她施行了許多有利於國家和人民的措施，得到百姓的擁護和支持。

首先，政治方面。要改革必須打掉既得利益集團，減少改革阻力。武則天最先打擊曾經反對她做皇后的長孫無忌、褚遂良等人，這幾個大臣既然都反對武則天當皇后，按理也會阻礙她的改革。因此，武則天將他們一個個都趕出了朝廷，貶逐到了邊遠地區。把既得利益集團趕出政治舞臺，也就象徵著關隴集團從北周以來長達一個多世紀統治的終結，也為社會進步和經濟發展創造了良好的條件。之後，武則天改革科舉，提高進士科的地位，舉行殿試，開創武舉、自舉、試官等多種制度，讓大批出身寒門的子弟有了一展才華的機會。載初元年（西元六九〇年），武則天在洛城殿對貢士親發策問，遣「存撫使」十人巡撫諸道，推舉人才，一年後共舉薦一百餘人，武則天不問出身，全部加以接見，量才任用，或為試鳳閣（中書省）舍人、給事中，或為試員外郎、侍御史、補闕、拾遺、校書郎，試官制度自此始，時人有「補闕連車載，拾遺平斗量，把推侍御史，腕脫校書郎」之語。武則天雖以官位收買人心，但對不稱職的人亦會加以罷黜；明察善斷，故當時的人亦樂於為武則天效力。像婁師德、狄仁杰等這樣的著名賢臣，以及後來的「開元賢相」姚崇和宋璟等，也都是在武則天時期被發現提拔。

其次，經濟方面。武則天實行「勸農桑，薄賦役」。在她掌權以後，編撰了《兆人本業記》頒發到州縣，作為州縣官勸農的參考。她還注意地方吏治，加強對地主官吏的監察。對於土地兼併和逃亡的農民，她也採取比較寬容的政策。因此，武則天統治時期，社會安定，農業、手工業和商業有了長足發展，戶口也由唐高宗永徽三年（西元六五二年）的三百八十萬戶增加到唐中宗神龍元年（西元七〇五年）的六百一十五萬戶。

另外，軍事方面。在軍事上，由於武則天稱帝前後殺了一大批能征慣戰的宿將名帥，更由於均田制的逐漸瓦解，使得府兵減少，國家防禦力量較弱，導致一段時間內對外戰爭頻頻失利。她幾乎將太宗、高宗辛苦經營的安北、安西全部放棄了。不過隨著統治的穩定又逐漸挽回了頹勢。在西北，唐朝與吐蕃為爭奪西域烽煙不息。武后稱帝後的長壽元年（西元六九二年），武則天派王孝杰率軍收復安西四鎮，並遣軍常駐，因而結束了唐蕃在西域反覆爭奪的局面。在北方，武則天稱帝前，抗擊突厥的大將程務挺因替裴炎申辯被武則天殺死，突厥的入侵猖獗起來。武則天稱帝后第五年，即天冊萬歲元年（西元六九五年）十月，篡位的默啜可汗為了爭取中原王朝的支持，遣使請降，武則天冊授他為左衛大將軍、歸國公。後來默啜因幫助平定契丹有功而被封「頡跌利施大單于」、「立功報國可汗」。在東北，武則天時期契丹崛起，萬歲通天元年（西元六九六年），因營州都督趙文翽暴虐無道，契丹人松漠都督李盡忠和舊城州刺史孫萬榮起兵反周，進攻河北地區。武則天三次派兵討伐，損兵折將，在奚和突厥的幫助下才得平定。因此，在軍事方面武則天還是趕不上唐太宗。

政變之後退位，功過後人評說

武則天統治時期，政治、軍事、經濟等都取得了卓越的成就，再加上她在狄仁杰的建議下確定了繼承人的問題，便覺得一切都沒問題了，也像以往的皇帝一樣開始志得意滿，耽於享樂。

當時，有兩兄弟年少美貌，特別是「那方面」很厲害，武則天便特別寵幸他們兩人。此二人受寵則驕，就連武則天的姪兒武承嗣、武三思等都爭著追捧他們，甚至為他們執鞭牽馬。二張兄弟成為武則天的耳目，逐漸插手朝政，陷害忠良，引起政局的複雜化，導致武則天母子、君臣關係空前緊張。據史料記載，武則天的孫女永泰公主因與丈夫武延基和皇兄邵王李重潤一起議論「面首」（男寵）張易之、張昌宗兄弟，居然就因此被處死。

神龍元年（西元七〇五年）正月，武則天病重，臥床不起，只有寵臣張易之、張昌宗兄弟侍側。宰相張柬之、崔玄暐與大臣敬暉、桓彥範、袁恕己等，交結禁軍統領李多祚，佯稱張易之、張昌宗兄弟謀反，於是發動兵變，率禁軍五百餘人，衝入宮中，殺死二張兄弟，隨即包圍武則天寢宮，要求武則天退位，史稱「神龍革命」。

武則天被迫禪讓帝位給太子李顯。李顯上尊號為「則天大聖皇帝」，武周一朝結束，唐朝復辟，百官、旗幟、服色、文字等皆復舊制，恢復以神都（今河南省洛陽市）為東都。神龍元年農曆十一月二十六日（西元七〇五年十二月十六日），武則天在上陽宮病死去世，享壽八十二歲，遺詔省去帝號，稱「則天大聖皇后」。神龍二年（西元七〇六年）五月，與高宗合葬乾陵。自此，一代女雄主武則天的時代結束了。

武則天死後，她的墓碑一字未寫，是非功過均憑後人評說。司馬光主編之《資治通鑑》，就對武則天提出嚴厲的批判。明末清初著名思想家王夫之也對武則天大力批評：「鬼神之所不容，臣民之所共怨。」但是，筆者認為，誰能夠否認：武則天善治國、重視延攬人才，首創科舉考試的「殿試」制度，而且知人善任，能重用狄仁杰、張柬之、桓彥範、敬暉、姚崇等中興名臣。國家在武則天主政期間，政策穩當、兵略妥善、文化復興、百姓富裕，為其孫唐玄宗的「開元之治」打下了長治久安的基礎，武則天對歷史做出的貢獻又怎能說不重大呢？

薛濤——曾經滄海難為水

在四川省達州市（唐時稱通州）鳳凰山有一處景點名為元稹紀念館，此為地方政府為紀念大唐著名詩人、宰相元稹所修。然而當遊人在館內緬懷這位大文豪時，許多人都會想起與之相關的一位傳奇女詩人，她就是與卓文君、花蕊夫人、黃娥並稱「蜀中四大才女」的薛濤。那麼，薛濤與元稹到底有著怎樣的故事，他們的愛恨情仇又是如何展開，如何結束？一千兩百多年過去，今人又是如何看她？請隨筆者一同走進那個文風興盛的大唐王朝。

八歲就能寫好詩，可惜父親卻早逝

自秦漢以來，能寫詩詞的女人一般情況下家境都不會太過寒酸，像李清照、花蕊夫人等，均是出生於官宦世家，薛濤也並不例外。在大唐時期，薛濤屬於典型的「帝都」人，大約西元七六八年她生於大唐首都長安（今陝西省西安市）。換句話說，薛濤是京城的大小姐。薛濤的父親名叫薛鄖，在京城當了一個小官，官階雖不高，但中產生活是能保障的。因此，薛濤生長在這樣的家庭，自然有條件讀書習字。由於天生聰明，討人喜歡，薛鄖對女兒是萬般疼愛，十分呵護，特地請了最好的老師教其功課，薛濤也不負眾望，進步很快，八九歲就能作詩了。

據史料記載，有一年夏天中午，薛鄖正在庭院的梧桐樹下乘涼，微風吹拂著梧桐樹葉，發出沙沙的聲響。這時，薛鄖似乎有了寫詩的興致，便隨口吟詠了這麼一句：「庭除一古桐，聳幹入雲中。」接著，他也學習當年李白父母考察小李白一樣，對身邊玩耍的女兒薛濤說：「么兒，老漢考考妳，妳能續上這首詩嗎？」薛濤不假思索就隨口應道：「枝迎南北鳥，葉送往來風。」

此句實為妙句，令文人薛鄖甚是感慨，女兒才八九歲，卻能吟出如此絕妙詩句來，怎能不令人佩服呢？但他心中又多了一絲隱憂，女兒吟出的詩句太過悲涼，「迎送」二字似乎預示著風月場所，這難道是一個不祥之兆嗎？

果不其然，由於薛鄖文人清高，不喜與貪官為伍，又正直敢言，因此得罪了不少同僚，很快他就被當朝權貴貶到了四川偏境為官。離家千里，路途遙遠，薛鄖帶著十多歲的女兒薛濤背井離鄉，從繁華的首都長安，到了遙遠偏僻的四川成都，其中的艱苦怎能言說殆盡。

「屋漏偏逢連夜雨，船遲又遇打頭風。」沒過幾年，薛鄖因出使南詔沾染了瘴癘，當時的醫療條件差，很快就命喪黃泉。父親薛鄖死的那年，薛濤才只是十四歲的孩子。此時，薛濤的生活遭遇困境，她從天堂被打入地獄。失去家庭的支柱，薛濤和母親只能相依為命，日子過得十分落魄。

母女相依生活苦，無奈走上營妓路

對於一個正常的富裕家庭，誰也不會願意將自己女兒送進所謂的「八大行業」成為營妓。因為，營妓就是專在官員們飲酒聚會時，侍酒賦詩、彈唱娛客的工具而已。但是，薛濤雖不情願，卻毫無辦法。十六歲的她，為了減輕家庭負擔，主動加入了營妓行業。

在唐朝，營妓由國家財政供養，屬於正式編制，有穩定的收入。為了這份薪水，為了生活，薛濤憑藉「容姿既麗」和「通音律，善辯慧，工詩賦」，主動加入樂籍，成了一名供人娛樂的營妓。

雖然當上營妓是一種無奈，但並不是一件輕鬆的事。唐朝的營妓可沒現在的八大行業好混，只要長得漂亮、隨便唱首歌、秀個舞姿、經娛樂公司包裝一下就能成為偶像，當時的官員大多是科舉出身，都是飽讀詩書過來的，文化素養可不低，要想讓這些官員喝高興要舒服聽清爽，對於營妓來說不僅僅需要美貌，更需要才藝、辭令和見識。

不過，這些素養薛濤剛好都具備，而且還屬上流。史書記載她「詩酒之外，尤見才辯」，在酒席場上游刃有餘，令人回味。北宋宰相呂大防的女婿，著名文人王讜撰寫的文言軼事小說《唐語林》裡就記載了薛濤一件逸事。大意是這樣：有一次，黎州刺史舉辦宴會，提議行〈千字文〉令。這個酒令的令格是取〈千字文〉一句，句中須帶有禽魚鳥獸之名。隨後，刺史就率先做了示範，他行令說：「有虞陶唐。」大概是這位大人小時候背〈千字文〉不求甚解，誤把「虞」當成了「魚」。眾賓客都聽出了謬誤，但因為是主人所為，只好掩面而笑，誰也沒好意思站出來說該罰酒。不一會兒，酒令轉到了薛濤這兒，她應聲說：「佐時阿衡。」這位刺史一下聽出了問題，激動地站起身：「妳這四個字裡沒有魚鳥，該罰該罰！」薛濤笑著回答說：「不管怎麼樣，我這句裡『衡』字中間還有一條小魚，刺史大人的「有虞陶唐」中，連條小魚都沒有呢！」眾人再也忍不住，哄然而笑，弄得刺史大人甚是尷尬。從該史料中就能看出薛濤絕非等閒之輩，有著相當深厚的文學功底。但是，筆者則認為，大唐的刺史如果是進士出身，這點小常識應該是知道的。這可能是王讜為諷刺當官的而故意為之。

據《新唐史》記載，女才子薛濤最擅長的還是作詩。身處在八大行業，薛濤有機會接觸高層人物，特別是那些既能寫詩又身處官場的才子們。就像當前個別戲子一樣，接觸上層名流如家常便飯。薛濤自然也與當時的名流頗有往來。這些名流，筆者根據史料可以列出部分來，他們是白居易、張籍、王建、劉禹錫、杜牧、張祜等詩壇領袖。當時，薛濤與這些大詩人一同喝酒作詩，常常通宵達旦，好不暢快。酒後，她便會即興作詩，供人玩樂。據記載，薛濤共寫有五百多首詩，至今還流傳有九十多首，可想這個女才子在當時的圈子裡是多麼紅，多麼流行，非鄧麗君不能比也。

作詩傳情遇知音，韋皋聘為校書郎

與上面的這些名流應和，薛濤或許只是逢場作戲，在史料記載中，並沒有多少可圈可點之處。但是，因為韋皋的出現，薛濤的愛情開始起了波瀾。

這個韋皋是什麼人呢？他其實跟薛濤同鄉，都是京城西安人。不過，韋皋的家世很好，不僅是韋元禮的七世孫，還是當時的宰相（同中書門下平章事）張延賞的女婿。後因助德宗皇帝有功，韋皋在貞元初年（西元七八五年）任劍南西川節度使，成為封疆大吏。大詩人高適也擔任過劍南西川節度使，當時杜甫在成都浣花溪還寫信向其要過建築材料和糧食。這個韋皋與高適一樣，不僅擔任了地方的最高軍事領導者，並且還是一個極為儒雅的詩人，「長江不見魚書至，為遣相思夢入秦」這樣的妙句，就是韋皋寫的。一個是軍功卓著的官員詩人，一個是文壇中的耀眼明星，兩人的交集自然點燃了愛的火花。

據史料記載，韋皋有一次設宴招待親朋好友，「娛樂明星」薛濤也在被邀之列。酒到酣處，韋皋即興讓大才女薛濤當場為大家賦詩，希望眾人都見一見薛濤的才華。薛濤並不緊張，從容地拿過紙筆，沉思一會，便提筆迅速寫下了流傳後世的〈謁巫山廟〉，詩中這麼寫道：「朝朝夜夜陽臺下，為雨為雲楚國亡。惆悵廟前多少柳，春來空鬥畫眉長。」

當時，現場的觀眾看到此詩，紛紛讚不絕口，被這位美貌的營妓所折服。韋皋看後，更是拍腿而起，暗自叫絕。這首詩雖寫巫山雲雨，卻沒半點粗俗，而是借憑山眺望，惆悵懷古的視覺，道出人生別離的哲學意義。也正是因為這首詩的寫成，讓韋皋徹底被薛濤征服了。韋皋這個「軍區司令」遺憾地認為薛濤簡直是大材小用，根本不應該在八大行業混，而應該走向仕途當官為國家做貢獻。因為，在酒席場上無論多麼風光，但終究她只能當個「花瓶」。於是，韋皋特地將薛濤帶進了自己府中，讓其幫助處理一些案牘工作。用通俗一點的話說，韋皋聘請薛濤當自己的女祕書（沒有編制，臨時聘用）。薛濤不是當前提包包陪吃陪睡的生活祕書，而是處理資料的公事祕書。接受寫公文這個任務後，薛濤一點也沒馬虎，她細緻認真，勤勤懇懇，所寫的資料很少出錯，大受韋皋欣賞。

從薛濤寫資料後，韋皋對薛濤有了更深刻的認識。韋皋覺得薛濤當祕書寫資料仍舊無法發揮長才，應該推薦薛濤去當官。於是，韋皋突發奇想，向朝廷寫報告，要為薛濤申請任「校書郎」。校書郎隸屬於祕書省，主要工作是公文撰寫和典校藏書，雖然官階僅為九品，但好歹是一個公務員。另外，這項工作的門檻很高，按規定只有進士出身的人才有資格擔當此職，大詩人白居易、王昌齡、杜牧等都是從這個職位上做起的，歷史上還從來沒有哪一個女子未參加科舉就擔任校書郎。所以，薛濤這個女才子直接當校書郎是破天荒的大事、奇事。

並不出乎大家的意料，韋皋為薛濤申請校書郎的事很快遭到了幕僚們的一致反對。其中有與韋皋關係比較好的，便勸他：「軍務倥偬之際，奏請以一妓女為官，倘若朝廷認為有失體統，豈不連累帥使清譽？即使僥倖獲准，紅裙入衙，不免有損官府尊嚴，易給不服者留下話柄，望帥使三思！」通俗一點的話就是，韋皋兄，你請示上面讓一個妓女當官，並且還是進士才能做的校書郎，不是開國際玩笑嗎？另外，自古以來穿裙子的女人（風月女子）就不能進衙門做官，薛濤要是真成了官，不是全沒有體統了嗎？這對於老哥的聲譽也是有很大的負面影響啊！

總之，韋皋的創新之舉並沒有得到上面的認可，這事也就只能擱置了。不過，薛濤的才華自此得到了當時文人的普遍認可，其「女校書」的名聲也更是不脛而走，名揚四方了。

據史料記載：「韋皋鎮蜀之初（貞元元年，西元七八五年），南越獻孔雀一隻，皋依濤意，於使宅開池設籠以棲之。」翻譯成現代文就是：西元七八五年，南越給韋皋進獻了一隻孔雀，韋皋非常喜愛，薛濤建議在府衙內開池設籠養了起來，象徵大唐王朝昌隆的國運和韋帥顯赫的治績。薛濤這麼建議，韋皋聽後十分贊同並欣然採納，這件事因有美人佐政的風韻而被當時文人極力渲染，遂成為一段佳話。

薛濤受到韋皋的寵愛，時人紛紛得知，有些想託韋皋辦事的人，便借此透過薛濤為仲介代為轉達，其效果十分明顯。就相當於現在的一些商人想得到什麼專案，很多都是求助官員的老婆或情人，然後達到自己的目的。當時也不例外，五代時期何光遠撰的《鑒戒錄》就說得很清楚：「應銜命使者每屆蜀，求見濤者甚眾，而濤性亦狂逸，不顧嫌疑，所遺金帛，往往上納。」翻譯過來大意就是，到四川來的官員為了求見韋皋，多走薛濤的後門，紛紛給她送禮行賄，而薛濤「性亦狂逸」，你敢送我就敢收。不過她並不愛錢，收下之後一文不留，全部上交。

雖然薛濤將財物上交，但終究影響了韋皋的名聲。韋皋本是文人出身，對錢財視作糞土，從不想貪汙受賄，當他得知薛濤收錢的事後，十分不滿，一怒之下，就下令將薛濤發配到了松州（今四川省松潘縣），以示懲罰。

松潘縣現屬阿壩州境內，二〇〇八年地震還受到了不小的影響。在唐朝，松潘縣人煙稀少，兵荒馬亂，屬於文人被貶謫之地。薛濤走在往松潘縣的路上，內心非常恐懼，也特別悲傷。途中，她感慨萬千，觸景生情，遂寫了一首詩歌：「聞道邊城苦，而今到始知。卻將門下曲，唱與隴頭兒。」對於自己的張揚和受賄，薛濤感到十分後悔，於是接著又寫下了動人的〈十離詩〉。原文如下：

其一：犬離主

馴擾朱門四五年，毛香足淨主人憐。
無端咬著親情客，不得紅絲毯上眠。

其二：筆離手

越管宣毫始稱情，紅箋紙上撒花瓊。
都緣用久鋒頭盡，不得羲之手裡擎。

其三：馬離廄

雪耳紅毛淺碧蹄，追風曾到日東西。
為驚玉貌郎君墜，不得華軒更一嘶。

其四：鸚鵡離籠

隴西獨處一孤身，飛去飛來上錦裀。
都緣出語無方便，不得籠中更換人。

其五：燕離巢

出入朱門未忍拋，主人常愛語交交。
啣泥穢汙珊瑚枕，不得梁間更壘巢。

其六：珠離掌

皎潔圓明內外通，清光似照水晶宮。

只緣一點玷相穢，不得終宵在掌中。

其七：魚離池

跳躍深池四五秋，常搖朱尾弄綸鉤。

無端擺斷芙蓉朵，不得清波更一遊。

其八：鷹離鞲

爪利如鋒眼似鈴，平原捉兔稱高情。

無端竄向青雲外，不得君王臂上擎。

其九：竹離亭

蓊鬱新栽四五行，常將勁節負秋霜。

為緣春筍鑽牆破，不得垂陰覆玉堂。

其十：鏡離臺

鑄瀉黃金鏡始開，初生三五月徘徊。

為遭無限塵蒙蔽，不得華堂上玉臺。

這十首著名的離別詩，薛濤差人送給了韋皋。詩雖然有諂媚的味道，她卻把身邊尋常事寫得曲折動人，讓人感覺是如泣如訴。薛濤精心設置了種種比喻來向韋皋請罪，韋皋堂堂節度使，自然也不便與一個取悅於他的弱女子計較，轉念又想起她的種種好處，不覺地轉怒為喜，很快就將她召回成都身邊，對其寵愛如初。薛濤也在回成都後，寫下了感慨自己遭遇的詩：「但得放兒歸捨去，山水屏風永不看。」

自那之後，薛濤在韋皋的幫助下，辭去了營妓的職務，沒有了編制束縛，成為一個自由身，寓居於成都西郊浣花溪畔，院子裡種滿了枇杷花，每天薛濤飲酒作詩，回味過去的美好時光，日子過得愜意而舒坦。

才子遇上俏佳人，姐弟相戀不懼論

後來，韋皋死了。接替韋皋節度使職位的官員來了一個又一個，但都沒有引起薛濤的興趣。直到大才子元稹的出現，薛濤的情感世界瞬間成為汪洋大海，洶湧澎湃。

這一年，薛濤四十二歲。

元和四年（西元八〇九年）三月，三十一歲的年輕詩人元稹以監察御史的身分，奉命出使東川（今雲南省昆明市）。他早就聽說成都有美女薛濤，不僅能寫詩，其書法更是自成一派。於是，到了地方後，元稹立即託人約薛濤在梓州（今四川省三臺縣）相見。對薛濤而言，這本是一場再平常不過的應酬，但當她與元稹見面之後，立即就被其俊朗的外貌和出色的才情所吸引，內心裡激起了沉默多年如同少女般萌動的漣漪和波瀾。

據史料介紹，元稹「儀形美丈夫」，典型的「高富帥」。不僅有美貌，才學更是特別出眾，二十五歲進士及第，兩次策問考試都名列第一。當時，元稹和白居易是大唐文壇的「雙子星」，並稱為「元白」。「每一章一句出，無脛而走，疾於珠玉」，他的詩歌僅一句「曾經滄海難為水，除卻巫山不是雲」就賺足了世人的眼淚，迷倒了後世多少英雄佳麗。

自己雖已四十二歲，但誰說姐弟就不能相戀呢？遇到元稹，就是薛濤的宿命，哪怕是飛蛾撲火，她也義無反顧。初次約會，薛濤在梓州一待就是三個月，如此長的時間有多少故事發生，不用筆者點穿讀者也能猜到一二。兩人約會期間，薛濤首先就寫了一首〈池上雙鳥〉，無限嚮往地說：「雙棲綠池上，朝暮共飛還。更忙將趨日，同心蓮葉間。」柔情萬種的小女子形象躍然紙上，真是令人萬般遐想。

接著，薛濤又寫了〈四友贊〉：「磨潤色先生之腹，濡藏鋒都尉之頭。引書媒而黯黯，入文畝以休休。」四友，即文房四寶，筆、墨、紙、硯，薛濤各以一句詩描摹它們各自的特點，筆、墨、紙、硯這四個傢伙，在薛濤詩中顯得莊敬肅穆，很有震懾力，不像出自女人筆下。最開始元稹並不太佩服薛濤的詩句，畢竟自視甚高的大才子哪裡會輕易被一個女人的才情折服呢。當他看到薛濤寫的〈四友贊〉之後，其真功夫徹底震撼了元稹，遂將薛濤真真切切比作了才女卓文君。後來，元稹在《使東川》詩集中，就有一首〈好時節〉表揚過薛濤：「身騎驄馬峨眉下，面帶霜威卓氏前。虛度東川好時節，酒樓元被蜀兒眠。」「卓氏」即卓文君，元稹將薛濤比為卓文君，可見薛濤在元稹的心中不僅僅是一位妓女，更多的是女詩人吧！

那三個月，薛濤和元稹可能流連在錦江邊上，相伴於青川山前，同時泛舟於湖水中央，飲酒作詩好不幸福。但是，幸福總是來得太快，去得也太快。當年七月，元稹就調離東川，任職洛陽了。分別已不可避免，薛濤十分無奈，懷著悲痛的心情寫了千古絕唱〈送友人〉一詩：「水國蒹葭夜有霜，月寒山色共蒼蒼。誰言千里自今夕，離夢杳如關塞長。」

兩情若是久長時，又豈在朝朝暮暮

然而，元稹這一去就將薛濤忘了。元稹是一個為了事業可以不考慮愛情的男人。他的情商天分很高，當初為了求取功名就將初戀情人崔鶯鶯給拋棄了，為此他還寫下了《鶯鶯傳》（又名《會真記》），這就是著名的《西廂記》的原本。妻子韋叢去世後，他又先後納妾安仙嬪，續娶裴淑，此後也都亡故。不過，這些在唐代來說也是十分正常的事，畢竟在那個年代男人是可以娶三妻四妾的。這不，大詩人白居易還有一個特殊的愛好，就是在家裡養了不少歌姬供其娛樂。

西元八二一年，元稹入翰林為中書舍人承旨學士。仕途順利，春風得意，元稹想起了遠在四川的薛濤，便寫了一首詩歌寄給了她。讀到元稹贈詩，薛濤五味雜陳，其中心酸難以言說。曾經那個俊朗的才子，曾經那個多情的美男，如今卻經歷了多少滄桑，又愛過多少女人。「微之……」手握元稹寫來的書信，薛濤泣不成聲。然而，這卻是他們最後的一封信。自此之後，兩人便再無書信聯繫。

長慶二年（西元八二二年），元稹終於如願以償，當上了夢寐以求的宰相。可是僅僅才過三個月，他便在一場排擠政敵的陰謀中，反遭敵人暗算，長慶二年六月就被罷相，出為同州（今陝西省大荔縣）刺史。次年，他再次奉詔為越州刺史、浙東觀察使，這離與薛濤最後一次書信往來，剛好過去兩年時間。

想起曾經的種種浪漫，元稹心中有了對薛濤的熱情和思念，他計劃著要專程入蜀去看望薛濤，或者乾脆娶這位多情的女子為妻。但是，沒想到中途又出現了一個叫劉采春的漂亮女人，徹底打亂了元稹當初的計畫。此人年輕貌美，身材窈窕，婀娜多姿，多有幾分嫵媚，在當時的文壇風頭正勁，是中唐「妓女詩」一派的代表人物，相當於當前最著名的流行歌星，比章子怡還紅的明星。於是，元稹將本要娶薛濤的打算拋在了腦後，深深地被明星劉采春所吸引，與她又有了一段纏綿的愛情故事。相關史料記載，元稹曾誇獎說：「她（指劉采春）詩才雖不如濤，但容貌美麗，非濤所能比也。」意思就是說，劉采春雖然寫詩趕不上薛濤，但是要比容貌和身材，薛濤是不能和采春相提並論的。

這時，身為元稹好友的白居易實在看不下去了，便給遠在成都的薛濤寫了一封私信，並附上一首詩：「峨眉山勢接雲霓，欲逐劉郎此路迷。若似剡中容易到，春風猶隔武陵溪。」大意就是勸薛濤還是死了那份心吧，好男人多的是，又何止元稹一個人呢？因為無論如何，她和元稹都是沒指望的了。看來，白居易這位大咖，也不是省油的燈，對薛濤怕是早就愛慕有加吧！看到元稹不要了，自己也想乘虛而入去插足一把。

收到白居易的信，薛濤並沒有回應。她依舊堅決而痴情地等著元稹。流傳千古的名詩〈春望詞〉：「花開不同賞，花落不同悲。欲問相思處，花開花落時。」「那堪花滿枝，翻作兩相思。玉簪垂朝鏡，春風知不知。」或許就是薛濤對元稹痴情的最好詮釋和對白居易的回應吧！

青春早逝，人到暮年，薛濤逐漸厭倦了俗世的虛榮與喧囂。她離開了浣花溪，移居到了碧雞坊（今成都市金絲街附近），並築起一座吟詩樓，悲傷孤獨地度過了人生最後的時光。大和六年（西元八三二年）夏，一代才女薛濤安詳地閉上了雙眼。第二年，曾任宰相的段文昌為她親手題寫了墓誌銘，墓碑上寫著「西川女校書薛濤洪度之墓」。

各位讀者如有興趣去憑弔這位才華橫溢的女詩人，那麼一定要去四川成都。薛濤墓就位於成都望江樓公園西北角的竹林深處，其墓的布局，根據儒家思想和道家學說，以牆界為方，以墓為圓，寓意女詩人在天地中安息，永為世人憑弔和緬懷。

上官婉兒——不是宰相，勝似宰相

有位著名作家宋小武寫了一部長篇小說《華夏精魂》，其中特別以上官婉兒為主線進行展開，詳細描述了這位才女的復仇經歷，引起不少讀者濃厚的興趣。另一部電視劇《上官婉兒》，更是將這位大唐女性的傳奇經歷傳播到大街小巷，家喻戶曉。那麼，上官婉兒到底是個怎樣的人物，何以引起後人如此關注？其中必有原因，請隨筆者的墨脈一同走進盛世大唐，去細細品味這位曠世奇女的迷人風采！

祖父為當朝宰相，不幸成代罪羔羊

首先，我們了解一下上官婉兒的生平。她不是什麼凡夫俗子阿貓阿狗，而是在歷史書上能夠名垂千古的重要人物。那麼，這樣的人出生在什麼樣的家庭呢？是不是像李斯那樣出身寒門，還經常看老鼠在糧倉偷食；還是像韓信那樣年少就失去雙親，靠洗衣婦女施捨糧食才能過活；抑或是像西施那樣，雖有姣好容貌，也不過窮居鄉村最終成為政治的肉慾工具，美其名曰為了越國的振興奉獻自己，不過是掌權者交易的商品，用過之後就迅速被拋棄。

上官婉兒並不像以上提到的任何一位，她的祖父上官儀是唐高宗時的著名宰相，也是當時的文壇大咖，曾寫過「脈脈廣川流，驅馬歷長洲。鵲飛山月曙，蟬噪野風秋」的詩歌。另外，上官婉兒的曾祖父上官弘曾在隋朝時任江都宮福監，高祖父上官賢官至北周幽州太守，家裡四代為官，屬於典型的官宦世家，其生活品質和水準是可想而知的。

關於上官婉兒的出生，《舊唐書》還有一段記載，說上官婉兒的母親鄭氏懷孕期間，夢見一名巨人送來一桿秤，囑咐說：「持此，秤量天下！」夢醒之後，鄭氏立即告訴了自己的丈夫，兩人頓時喜笑顏開，認為一定會生一個宰相兒子。哪裡知道，當呱呱墜地的卻是一個白胖的女嬰時，他們兩個徹底失望了。不過，這極有可能不是鄭氏瞎編出來哄大家的。岳飛的母親不是謊稱自己夢到大鵬嗎？孔子的母親不是夢到黃河水都乾了嗎？李白的母親不是夢到文曲星下凡了嗎？這些全不能當真！

總之上官婉兒是幸運的，家裡世代為官，出身十分高貴。但是，她又是最不幸的。沒想到自己才剛剛出生，祖父上官儀就因為給皇帝當槍手，惹了滔天大禍。情況是這樣，當時由於武則天權勢日重，唐高宗又不是傻子，他感覺到皇后已嚴重威脅到了他的皇權，要是再任由其發展下去，可能皇位都不保。於是，高宗便私下與宰相上官儀商量，乾脆弄一份詔書廢黜武則天的皇后之位，這樣就能消除對自己的威脅，還能保住李家的大唐江山。哪裡知道，他們謀事不密，行動不速，很快就被武則天的眼線發現。武則天知道這情況後，並未慌張，鎮定自如地開始反擊。麟德元年（西元六六四年），上官儀和兒子便被武則天找了個理由殘忍殺害，高宗也只能眼睜睜看著自己的同謀被火速「槍斃」，他連個屁也沒敢放一個。

祖父和父親雙雙被砍掉腦袋時，上官婉兒才剛剛出生幾個月。無奈之下，她只能和母親鄭氏被朝廷發配到了掖庭宮。鄭氏在宮裡做勞力工作，或許是洗衣服做飯之類，上官婉兒就在這樣的環境中成長。在掖廷為奴期間，鄭氏並沒有放棄對女兒的培養，親自教上官婉兒讀書寫字，不僅教了上官婉兒先秦諸子，還教會她學習《詩經》、《楚辭》等經典。由於上官婉兒遺傳了祖上的文學基因，聰明伶俐，很有天賦，很快就能吟詩作文，還明達吏事，成為宮裡的奇聞。

聰明伶俐討人喜歡，則天免其奴婢身分

由於上官婉兒小小年紀就能吟詩作詞，在宮中這可是一件新鮮稀奇事，很快十傳百，百傳千，就被皇帝武則天給知道了。武則天這個人對有才華的人還是很看重，也樂於提拔。當初駱賓王參加徐敬業的叛亂，其寫作的檄文被看到之後，還受到了武則天的讚許，可見其重視人才的態度。年幼的上官婉兒就能寫詩，武則天更是十分感興趣，在儀鳳二年（西元六七七年），她就召見了年僅十四歲的上官婉兒進行現場考察和確認。

在朝堂之上，武則天當場出題考校。令人意外的是，上官婉兒略微思索，便「文不加

點，須臾而成，且文意通暢，詞藻華麗，語言優美，若是夙構而成」。武則天看到文章後，拍腿盛讚，十分喜歡，沒想到上官婉兒小小年紀，便有如此才學，值得培養和重用。於是武則天當即下令免去了上官婉兒奴婢的身分，還給予了她才人的名分，讓十四歲的上官婉兒掌管宮中詔命，時稱「內舍人」。

或許因為太過年輕，十四歲的上官婉兒政治上還不太成熟，往往做出一些幼稚的舉動。才被武則天寵愛不久，她就因為不懂規矩冒失犯錯了。史料記載，武則天有一次與男寵張昌宗兄弟二人吃早餐，上官婉兒也在一旁坐著吃。這時，上官婉兒盯著張昌宗這個「大帥哥」十分入神。當時，武則天很生氣，一把匕首就直接扔了過來，差點就刺中了上官婉兒。原來，經不住張昌宗的引誘，上官婉兒對其動了心，當著武則天之面還公開回送「秋波」。武則天吃了醋，立即下令將上官婉兒關了起來，並想殺掉她出這口惡氣。沒過多久，武則天有些不忍，她欣賞上官婉兒的才華，便特別開恩僅處其以黥面之刑。這個黥面是什麼意思呢？它是一種在臉上刺字的刑罰。大宋參加農民起義的林沖和宋江不就是在臉上刺了一個字嗎？最後在流放的過程中，還想找個什麼膏藥塗抹掉。

受到這次風波後，上官婉兒徹底成熟了，她吸取了以往失敗的經驗，重振精神，始終把握一個原則，武則天喜歡的東西千萬別碰，武則天說的任何話也永遠是對的。她精心侍奉，曲意迎合，終於得到了武則天的歡心，從此也更受寵愛。《舊唐書》記載，武則天之後讓上官婉兒處理百司奏表，參決政務，權勢也日盛起來。就連武則天的姪兒武三思，也想去攀上官婉兒，並與其私通。在所草詔令中，上官婉兒便經常推崇武氏而排抑皇家。當時，與上官婉兒關係好的都得到了提拔。其中，中書侍郎崔湜因為與上官婉兒在外宅私通，便被引以為相。這個崔湜是什麼人，他就是杜甫一首詩中「岐王宅裡尋常見，崔九堂前幾度聞」中崔九的哥哥，當了中書令。可見上官婉兒在朝廷中造成了不可小覷的作用，其權勢鮮有人可比。

不滿現狀參與政變，依附太子再找後臺

雖然權勢得到了滿足，但上官婉兒並不是一個甘於現狀輕易滿足之人，她知道武則天已經年老，不可能永遠當皇帝，她得為自己找好退路，便默默尋找自己的新後臺，這個後臺便是太子李顯。

在宮中，上官婉兒勾引了李顯，並與其有了肌膚之親。這個時候，上官婉兒歲數並不大，才十六歲，大約也就是現在的高中生年紀。她年齡雖小，但心機不淺。上官婉兒知道李顯以後必定會有作為，得下一盤大棋，搞一場政治投機。就像當年呂不韋押寶秦國王子異人一樣，希望這次「奇貨可居」以後能成大事。然而，最開始李顯並沒有交上好運，還被廢，遠戍鈞州、房州。

不過，這樣的霉運並沒維持多久，就因武則天的下臺而改變了。神龍元年（西元七〇五年），張柬之等擁護李唐宗室的大臣發動神龍政變，武則天被迫退位。神龍政變後，唐中宗李顯復辟了。這時的上官婉兒心裡相當高興啊，自己押的這個寶可算是得到了回報。李顯當上皇帝後立即安排「老相好」上官婉兒專掌起草詔令，對其充分信任。李顯覺得這還不夠，便拜上官婉兒為昭容。這個昭容是個什麼職位呢，就相當於貴妃，除了皇后她就最大。除了封上官婉兒，她的母親鄭氏也得到了回報，被李顯封為沛國夫人。

上官婉兒不忘「舊情人」，又向韋皇后推薦了武三思，將武三思領進宮中，李顯於是開始與武三思商議政事，當年發動政變的張柬之等人反而受到了武三思的遏制，不久還被武三思等人設計貶殺。這時，上官婉兒的權勢達到了最高峰。

手掌大權重視文風，培養人才受到追捧

在上官婉兒掌握了朝政大權，被稱為「巾幗宰相」之時，她也做了一些利己又利國的大事。

首先，她說服中宗李顯將自己的祖父上官儀一案進行平反，並追贈上官儀為中書令、秦州都督、楚國公，追贈上官庭芝黃門侍郎、岐州刺史、天水郡公。另外，她的母親鄭氏去世後，她請求李顯追謚為節義夫人，並上表將自己的品級降為婕妤以示哀悼，不久後恢復。

其次，上官婉兒請求皇帝李顯規定天下百姓二十三歲時才算成丁，五十五歲為老人，到五十九歲就免除勞役，改易制度，用來收取人心民望，李顯也一一准許。

另外，上官婉兒十分重視文學，多次勸說李顯大量設置昭文館學士（相當於翰林學士），廣招當朝詞學之臣賦詩唱和。每次聚會時，她都同時代替李顯和韋皇后幾人作詩，文思泉湧，數首並作，詩句優美，時人大多傳誦唱和。譬如她創作的〈彩書怨〉這首詩就被天下人廣為傳唱，內容如下：「葉下洞庭初，思君萬里餘。露濃香被冷，月落錦屏虛。欲奏江南曲，貪封薊北書。書中無別意，唯悵久離居。」同時，對大臣所作之詩，中宗李顯又令上官婉兒進行評定，名列第一者，常賞賜金爵，貴重無比。學者計有功在《唐詩紀事》中寫道，中宗曾於景龍三年正月晦日遊長安附近的昆明湖，即興賦詩，命群臣各應制一首。由上官婉兒最終評定出了宋之問的詩作，然後評論：「二詩工力悉敵，沈詩落句云：『微臣雕朽質，羞睹豫章材。』蓋詞氣已竭。宋詩云：『不愁明月盡，自有夜珠來。』猶陟健舉。」自此，朝廷內外吟詩作賦頓時形成一股潮流，從一定程度上提高了眾人的文化素養，陶冶了情操，也客觀上發現和培養了一批文化人才，並使初唐的文學事業得到了長足發展。

初唐文學家武平一在〈景龍文館記〉一文中就高度評價了上官婉兒做出的貢獻：「至幽求英俊，郁興辭藻，國有好文之士，朝無不學之臣，二十年間，野無遺逸，此其力也。」

世事難料中宗被殺，才女婉兒命喪九泉

誰也沒有料到，上官婉兒依附的皇帝李顯並沒有維持住自己的權威，很快就被韋后和安樂公主給毒死了。

這個時候，太平公主的勢力日盛，上官婉兒便悄悄投靠了這麼一個新主。當中宗被毒死後，上官婉兒與太平公主便一起草擬遺詔，立溫王李重茂為皇太子，是為睿宗。韋后知政事，相王李旦參決政務。

但是，事情並沒有結束。才發動政變沒多久，臨淄王李隆基與太平公主商議，決定先下手為強，發動唐隆之變，率羽林軍親信攻入宮中，殺死韋后、安樂公主等一黨，並擁立他的父親李旦。上官婉兒執燭率宮人迎接，並把她與太平公主所擬的遺詔拿給大臣劉幽求觀看，以證明自己是和李唐宗室站在一起的，劉幽求拿著遺詔求李隆基開恩。

這個李隆基可不是吃素的，她已看清了上官婉兒的真實面目，知道她不斷找靠山，最先投靠武則天，接著是中宗李顯，後來又是韋后和太平公主。此次，雖然上官婉兒向李隆基示好，但並沒有得到他的同情。大臣劉幽求拿著遺詔替上官婉兒申辯，希望免她一死，李隆基卻說：「此婢妖淫，瀆亂宮闈，怎可輕恕？今日不誅，後悔無及。」於是立即下令，將上官婉兒殺於旗下。上官婉兒的靠山太平公主其實也是捨不得的，對上官婉兒的死

十分悲傷，派人去弔祭，並出錢五百匹絹。自此，這位才女最終還是做了皇權爭鬥的犧牲品，離開了花海人世。

李隆基殺掉了上官婉兒，但又假惺惺做出了一些表面工作。景雲二年（西元七一一年）七月，他下令復封上官婉兒為昭容，謚號惠文。接著，李隆基又派人將上官婉兒的詩作收集起來，編成文集二十卷，令張說作序。張說在序中對上官婉兒作了高度評價：「敏識聆聽，探微鏡理，開卷海納，宛若前聞，搖筆雲飛，成同宿構。古者有女史記功書過，復有女尚書決事言閥，昭容兩朝兼美，一日萬機，顧問不遺，應接如意，雖漢稱班媛，晉譽左媼，文章之道不殊，輔佐之功則異。」

三十二首詩歌流傳千古，開創抒情寫作先河

雖然上官婉兒最終成了政治的犧牲品，被李隆基殘忍殺掉，但是她的詩作卻像天上的北星一樣永遠閃耀著光芒，並光照後世千秋，成為後世文人的美談。

有文學家評價上官婉兒，稱其在詩歌創作上的卓越才華及其對文學事業的貢獻，在初唐時期無人能夠比擬，是她促進了五言律詩的定型。代表詩歌最高成績的《全唐詩》一書，還特別收錄了上官婉兒三十二首詩歌，其中有一首應制詩，筆者十分喜歡。〈奉和聖制立春日侍宴內殿出剪綵花應制〉：「密葉因裁吐，新花逐剪舒。攀條雖不謬，摘蕊詎

知虛。春至由來發，秋還未肯疏。借問桃將李，相亂欲何如？」

除了一些宮廷應制的詩作，上官婉兒還寫有旅行記遊之作，特別是那些抒寫個人情懷的作品，回歸了詩歌的屬性，擺脫了宮廷詩感情貧乏、裝模作樣的流弊，開創了唐詩由歌功頌德走向抒寫性情的先河。

正因為上官婉兒在歷史上的特殊身分，集政治、文化、權謀於一身的她，比起其他純粹的文人更有鮮明特色，她的傳奇也成為後世文人爭相創作的素材，能夠列數的就有：梁羽生《女帝奇英傳》、田原《上官婉兒傳》、寧業高《絕代才女上官婉兒》、趙玫《上官婉兒》、李靖岩《紅顏宰輔》、許廣陵《四大才女之上官婉兒傳》、王德英《多才風雅上官婉兒》等等。

如果讀者還想近距離去懷念這位自古難得的文學奇才、權謀高手、曠世美人，可以去中國陝西省咸陽市渭城區北杜鎮鄧村，那裡有一處唐墓，該墓的主角便是上官婉兒。在古墓誌蓋上題有「大唐故昭容上官氏銘」，誌文楷書，近一千字，記載著上官昭容世系、生平、卒年、葬地等訊息。這些都有利於讀者對上官婉兒的生平進行研究，也更接近歷史真相，具有重要的史料價值。各位不妨去看一看，讀萬卷書，行萬里路的意義，可能正在於此。

楊貴妃——世上最美的「代罪羔羊」

提到楊貴妃，部分人會想到一個詞「紅顏禍水」。可是，事實真是如此嗎？正如牙齒掉了的老太太，吃不動甜蜜的甘蔗，反而怪甘蔗不軟不脆，有這個道理嗎？真可嘆一代天仙美女楊玉環，就這麼成了政治的「代罪羔羊」，最終煙消雲散淪為世人的笑談！唯一還算值得慶幸的是，這個命運曲折的女人，後來成了文學家吟詠的題材，譬如大唐詩人杜甫在〈哀江頭〉一詩中就寫道：「清渭東流劍閣深，去住彼此無消息。人生有情淚沾臆，江花江草豈終極！」白居易在〈長恨歌〉中形容楊玉環：「回眸一笑百媚生，六宮粉黛無顏色。」李白的〈清平調〉則讚美她：「雲想衣裳花想容，春風拂檻露華濃。」筆者不由得想，能夠得到唐朝最有名的三大詩人同時讚美與哀嘆，這也是一種特殊的安慰吧！

官宦之家不貧寒，能歌善舞迷壽王

中國四大美女中，楊玉環的出身還算相對高貴。她不像西施生於農村，父親僅僅是一個道地的小農夫；更不像貂蟬那樣，連出生也模糊不清——或許是難民也說不定；當然也不像王昭君那樣，雖然以公主的身分下嫁西藏，但終究是出身低等的宮女冒充而來。

楊玉環的父親還好是蜀州的司戶參軍，她的曾祖父楊汪是隋朝的上柱國、吏部尚書，唐初被李世民所殺。楊玉環生於唐開元六年（西元七一八年），其童年在四川度過，十歲左右因父親早逝，無奈被寄養在洛陽三叔楊玄璬家，後又遷往永樂（今山西省永濟市）。

出生在這樣一個還算有根基的家庭，楊玉環當然比一般的貧寒子女生活更優越，教育也更優良，不僅能像其他千金小姐一樣學習歌舞，還精通音律，善彈琵琶，具備較高的文化修養。再加上她父母長相不錯，遺傳基因優良，年輕的楊玉環真是生得亭亭玉立，肌膚雪白，身材風韻，令人陶醉心動。

「佳人自有郎來求，緣分到時情自流。」這不，在大唐開元二十二年（西元七三四年）七月的某一天，唐玄宗的女兒咸宜公主在洛陽舉行婚禮，身為早已聞名遐邇的美女楊玉環自然也在受邀之列。

婚禮上，前來賀喜的達官貴人舉不勝舉，才子、佳人、官員比比皆是。在人群中，有一個人卻對其他女孩並不感興趣，唯獨對前來參加婚禮的楊玉環情有獨鍾，一見鍾情。這個人便是咸陽公主的胞弟壽王李瑁。見到楊玉環的一剎那，李瑁知道自己一生所追求的女孩便就在眼前了。他打定主意後，便立即託媒人向楊玉環表達了深深的愛意。

一個是高貴的王子，一個是美妙的少女，天設一對，珠聯璧合，誰又會拒絕呢。美若天仙的楊玉環高興地答應了壽王的求愛，幸福地嫁給了這位年輕英俊的王子。婚後，他們兩人恩恩愛愛，卿卿我我，生活真是甜美異常，令人陶醉羨慕。

天降仙女悖倫理，玄宗愛上靚兒媳

誰也沒有料到，一代天子唐玄宗會愛上自己的兒媳。當然，楊玉環做夢也不會猜到，自己的愛情將被至高無上的皇權給剝奪。儘管自己的丈夫是高貴的王子，但是在皇帝面前也只得靠邊站。

開元二十五年（西元七三七年），唐玄宗李隆基最喜歡的女人武惠妃去世了。這個陪伴玄宗多年的女人，為什麼就那麼命薄呢？在自己最美妙的年華就撒手西去，她還沒有好好享受和玄宗恩愛幸福的日子，還沒好好欣賞這個鮮花盛開絢麗無比的世界，就被疾病奪去了寶貴的生命。寵愛的女人去世，儘管後宮還有佳麗三千，倔強的唐玄宗卻茶飯不思，鬱悶惆悵，每天晚上對漂亮的女人似乎都失去了興趣。一向懂得揣摩上意的宮中太監，這時便向唐玄宗介紹了一個女人，她不是別人，正是壽王的妻子楊玉環。

唐玄宗聽說之後，便與楊玉環見了一面。這不見不知道，一見心曠神怡。他發現楊玉環真是「此女只應天上有，凡人又能見幾回」，果然生得是「姿質天挺，宜充掖廷」。於是唐玄宗當即將楊玉環召入後宮之中玩樂一番，真是夜夜銷魂，令人愜意。然而，畢竟楊玉環是自己的兒媳婦，玄宗又怕影響不好，總得找一個長久之計。

宮人又開始出餿主意了，便建議玄宗要想長久占有楊玉環，就得將其與壽王分開，唯一的方法就是讓楊玉環去當道士。接著，開元二十八年（西元七四〇年）十月，唐玄宗便以為母親竇太后祈福的名義，敕書楊玉環出家為女道士，道號「太真」。壽王哪裡不知道玄宗的「醉翁之意不在酒」呢？但是在天子面前，他又有什麼辦法，只能將自己悲苦的淚水吞進肚裡，眼睜睜地看著自己心愛的女人離他而去，真是夜夜流淚，痛不欲生。

身為老爹的玄宗，想到自己占有兒媳，有些虧欠兒子壽王，便在天寶四年（西元七四五年）把韋昭訓的漂亮女兒嫁給了李瑁，並冊立為壽王妃，希望以此減輕李瑁的痛苦，也為自己的私慾遮羞。

解決了兒子王妃的問題後，玄宗真是迫不及待要和楊玉環夜夜廝守，很快就冊封楊玉環為貴妃。別小看這個貴妃，在後宮除了皇后，就是貴妃最大。再加上玄宗自廢掉王皇后就再未立后，因此當時的楊貴妃可就相當於享受實惠的皇后待遇了。

曾經滄海難為水，玉環已忘昔日夫

時間是忘記痛苦的最好良藥。對於楊玉環來說，對壽王的愛或許在玄宗冊立自己為貴妃的那一刻起就已經消失了。這時的女人，反而不如男人痴情。壽王自此鬱鬱寡歡，而楊玉環卻是陪玄宗夜夜笙歌，好不快哉。

據《古今宮闈祕記》卷三〈得寶子〉記載，由於玄宗喜歡音樂，又懂詩詞，便親自譜寫了〈霓裳羽衣曲〉，在召見楊貴妃時，親令樂工演奏。當音樂聲響起，玄宗便緩緩走向動人的楊玉環身邊，將金釵鈿合插在楊玉環的鬢髮上，然後一把緊緊摟住玉環美妙白皙的玉體，對後宮佳麗說：「朕得楊貴妃，如得至寶也。」

楊玉環雖然沒有被立為皇后，但是當時王皇后已被廢黜，因此貴妃也就是實際的「後宮第一把手」了。宮內的人都稱呼楊玉環為「娘子」，實際上也享受到了后位的待遇。當時，嶺南人士進貢了一隻美麗的白鸚鵡，這隻鸚鵡不僅羽毛豐滿，動作靈巧，最要緊的還能模仿人說話。玄宗和楊貴妃對其十分喜歡，稱牠為「雪花女」，宮中左右則稱牠為「雪花娘」。唐玄宗令詞臣教鸚鵡唸詩，數遍之後，這隻白鸚鵡就能吟誦出來，十分討人喜歡。玄宗每與楊貴妃下棋，如果局面對玄宗不利，侍從的宦官怕玄宗輸了棋，就叫聲「雪花娘」，這隻鸚鵡便飛入棋盤，張翼拍翅。可惜，後來天空中飛來一隻老鷹，無情地將「雪花娘」啄死了，玄宗與楊貴妃十分傷心，將牠葬於御苑中，稱為「鸚鵡塚」。這隻鸚鵡的死去，似乎正預示著楊玉環日後悲慘的命運。

一騎紅塵妃子笑，無人知是荔枝來

唐玄宗對於楊貴妃的寵愛超過了任何宮女妃嬪，只要哪一天沒有玉環相伴，他幾乎是魂不守舍，難過異常。對於楊玉環的任何要求，他是全盤答應，哪怕是派人到天上去摘星星、去河裡捉鱷魚，玄宗也是盡力討好。

由於楊貴妃喜歡詩詞和音樂，當時有名的大詩人李白則擔任了御用詞人一職，也就是翰林供奉，而大音樂家則為御用作曲家和演奏家。杜甫有一首詩寫道李龜年：「岐王宅裡尋常見，崔九堂前幾度聞。正是江南好風景，落花時節又逢君。」裡面寫的「君」就是李龜年，他就是皇帝的御用作曲家。據史料記載，天寶二年（西元七四三年）夏的一天，玄宗皇帝剛剛和楊貴妃從華清池裡洗完鴛鴦浴出來，正在宮中花園裡觀花賞景，兩人沉浸在行樂逍遙之中。美景，美人，就差美詞了。於是玄宗立即召見大詩人李白前來寫詩。李白醉眼朦朧、似醒非醒地來到園中，欣賞著美景佳人，默默沉思吟詠。玄宗見李白遲遲不動筆，便問何故，李白說要高力士親自磨墨脫靴興更濃。高力士雖然心裡不服，但為了討得玄宗歡心，也只能在一旁小心侍候。

在高力士為李白脫靴之後，李白還真是文思泉湧，搖頭晃腦，手執毛筆一揮而就：「雲想衣裳花想容，春風拂檻露華濃。若非群玉山頭見，會向瑤臺月下逢。」楊貴妃見到這樣一首好詞，心中自然高興，便破天荒地給李白斟了一杯酒，對其大力鼓勵與表揚。李白受寵若驚，很快又喜滋滋地疾書了第二首、第三首。其二：「一枝紅豔露凝香，雲雨巫山枉斷腸。借問漢宮誰得似，可憐飛燕倚新妝。」其三：「名花傾國兩相歡，長得君王帶笑看。解釋春風無限恨，沉香亭北倚欄杆。」

玄宗閱過李白的詞，讚不絕口，遂命高力士將它交給梨園譜曲供貴妃日後舞唱。幾天之後，李白的清平調已被譜成新曲。於是乎，楊貴妃邊唱邊舞，當唱到第二首「一枝紅豔露凝香，雲雨巫山枉斷腸。借問漢宮誰得似，可憐飛燕倚新妝」之時，貴妃的姐姐虢國夫人和韓國夫人齊聲稱讚：「娘娘唱得聲情並茂，即使那漢宮趙飛燕也是望塵莫及呀！」而坐在一旁欣賞的唐玄宗更是被玉環的美妙歌聲勾住了魂，心裡十分暢快，像一縷春風吹進心田。

除了與楊玉環有共同的音樂愛好，請詩人、作曲家給其譜曲、寫詞外，唐玄宗在生活上對楊玉環更是關懷備至，有求必應。由於楊玉環喜歡吃荔枝，但是當時的荔枝產於南方，保鮮很困難，採摘後「一日色變，二日香變，三日味變，四五日外香味盡去矣」。因此，為了讓自己的美人吃到新鮮的荔枝，唐玄宗便動用千里馬運送，有時為運送荔枝累死幾匹烈馬。著名詩人杜甫還寫了一首〈過華清宮〉絕句作證：「長安回望繡城堆，山頂千門次第開。一騎紅塵妃子笑，無人知是荔枝來。」

一人得道受寵幸，雞犬升天顯威風

俗話說：「一人得道，雞犬升天。」由於楊玉環受到唐玄宗的極度寵幸，她的三親六戚自然也被皇帝看重，不僅分封了大官，還被皇帝賜予了不少財產。譬如楊貴妃的大姐便被封為韓國夫人，三姐封為虢國夫人，八姐封為秦國夫人，每月政府還給他們各贈脂粉費十萬錢。

特別是虢國夫人排行第三，以天生麗質自美，不假脂粉。杜甫〈虢國夫人〉詩云：「虢國夫人承主恩，平明上馬入金門。卻嫌脂粉宛顏色，淡掃蛾眉朝至尊。」玄宗見其美麗，也一併收入懷中，極盡寵幸，夜夜交歡。

除了自己的姐姐被皇帝關照外，楊玉環的兄弟也均被贈予高官，甚至她的遠房兄弟楊釗也受到了優待。楊釗原為市井無賴，在成都時給人當下手謀生活，後玉環得勢後，他因善計籌，玄宗竟賜名國忠，身兼度支郎中等十餘職，幾乎操縱了朝政。

當唐玄宗遊幸華清池時，常常以楊氏五家為扈從，每家一隊，穿一色衣，五家合隊，五彩繽紛。沿途掉落首飾遍地，閃閃生光，其奢侈無以復加。另外，除了得到玄宗的賞賜與封官外，楊玉環的家族還與皇帝扯上了更為親密的親戚關係，她們楊家一族竟娶了兩位公主、兩位郡主，真正成了高貴的皇親國戚。

爭風吃醋還任性，兩次出宮兩次回

女人一旦被某人專寵，便會尾巴翹上天，耍起小脾氣來。這不，楊玉環也沒有擺脫這個魔咒。由於唐玄宗對其恩愛有加，楊玉環便開始奢望自己一人獨占這個男人。但是，對於帝王來說，當然是體味更多的美女為好，玉環想獨占這又是多麼不現實的事呢！

正史《舊唐書》記載：「五載七月，貴妃以微譴送歸楊銛宅。」《新唐書》卷七十六記載：「它日，妃以譴還銛第，比中仄，帝尚不御食，笞怒左右。高力士欲驗帝意，乃白以殿中供帳、司農酒餼百餘車送妃所，帝即以御膳分賜。力士知帝旨，是夕，請召妃還，下鑰安興坊門馳入。妃見帝，伏地謝，帝釋然，撫尉良渥。」翻譯成白話文就是：天寶五年（西元七四六年）七月，由於楊貴妃恃寵驕縱，得罪了玄宗，便被玄宗譴歸回了娘家。但是，當貴妃真的被攆出宮後，玄宗又開始想念起這個美人來，真是飲食不進，思緒惆悵。一向懂得揣摩上意的高力士，又兩邊討好，出主意將楊玉環接了回來。楊玉環回到宮中後，非常聰明，立即下跪，並當面道歉認錯。唐玄宗看到可憐的美人兒，哪裡還有什麼氣呢？一把擁住楊玉環在臉上啵啵地親了好幾遍，心情別提有多高興了。

像這樣的例子，據史料記載一共出現了兩次。比如第二次，《舊唐書》就詳細寫道：「天寶九載，貴妃復忤旨，送歸外第……貴人泣奏曰：『妾忤聖顏，罪當萬死。衣服之外，皆聖恩所賜，無可遺留，然髮膚是父母所有。』貴人乃引刀剪髮一繚附獻。玄宗見之驚惋，即使力士召還。」此段寫得很明白，楊玉環第二次招惹唐玄宗生氣了，玄宗又要攆其回娘家，這次楊玉環耍聰明了，便立即跪下哭泣著說，妾真是不懂事，又惹陛下生氣了，本來罪當萬死的。但是，我的一切都是陛下您賜予的，沒什麼可留下，但是頭髮卻是父母給的，因此我只有將頭髮剪掉獻給陛下您，希望陛下保重。楊玉環這麼一說，頓時感動了唐玄宗。玄宗氣也消了，一把摟住自己的愛人，還賠禮道歉：「都是朕不好，都是朕不好，讓美人受委屈了。」

經過前面兩次的風波，楊玉環深深知道了唐玄宗對自己的情意，知道唐玄宗要是沒有她，便會寢食不安，於是也更為驕縱起來。當時楊家「出入禁門不問，京師長吏為之側目」。陳鴻在《長恨歌傳》如此記載：「居易歌曰：『姐妹弟兄皆列土，可憐光彩生門戶。遂令天下父母心，不重生男重生女。』」

安史之亂危大唐，馬嵬坡上「替罪羊」

由於唐玄宗沉溺於女色，對於國政也很少過問，一切都交由當時的李林甫和楊國忠處理。這兩個奸臣本身沒什麼才華，又嫉賢妒能，讓真正的有識之士無法報效國家，就連杜甫這樣的大詩人居然連一般的小公務員也考不上。人才的棄用，導致社會治理的混亂，治理的混亂又會滋生一大批當權派，因而嚴重威脅皇權。這不，天寶十四年（西元七五五年），范陽、平盧、河東三鎮節度使安祿山便不滿足於現狀，以為自己翅膀長硬了，也想去當一個皇帝過過癮，便以「清君側，反楊國忠」為名起兵叛亂，兵鋒直指長安。這個安祿山曾經還是楊貴妃的乾兒子，對於唐玄宗更是馬首是瞻，哪裡知道一旦有了兵權，看到國家破敗的跡象，便想自立門戶，準備單獨做事了。這時他也完全不顧及楊國忠是自己的乾舅舅了，而是為了權力，用虛偽的口號叛亂了。

戰爭打得很激烈，很快長安就不保。次年，無奈的唐玄宗帶著楊貴妃與楊國忠一起逃往蜀中（今四川省成都市），途經馬嵬驛（今陝西省興平市西）時，萬萬沒有料到部下陳玄禮心懷不滿，鼓動一大批隨駕的禁軍軍士，一致要求處死楊國忠和楊貴妃。這是一場典型的叛變，這時身為皇帝玄宗也是刀架在脖子上，自己做不了主了，只能眼睜睜地看著軍士亂刀砍死了楊國忠。

殺了楊國忠，軍士依舊不依。唐玄宗為貴妃求情：「國忠亂朝當誅，然貴妃無罪，請赦免！」但是，這時的軍士哪裡是皇帝能指揮的軍士呢，簡直就是鬧兵變的張學良，他們對於皇帝的意見當耳邊風，聲稱不殺楊玉環，難慰軍心、難振士氣，繼續包圍皇帝請他下令。高力士是看出來了，這些個軍士現在是不聽皇帝號令，為了自保，留得青山在不怕沒柴燒，悲痛的唐玄宗不得已下令賜死楊貴妃。

最終楊貴妃便被一條白綾套在脖子上，縊死在馬嵬驛一座佛堂的梨樹下，年僅三十八歲。一代天仙美女，就這樣被當作了政治的「代罪羔羊」，白白死去了。十多年的恩愛，十多年的榮華，十多年的快樂，到那時才知道還不如平平淡淡的百姓生活。白居易在〈長恨歌〉也如此感嘆：「六軍不發無奈何，宛轉蛾眉馬前死。」

後來，唐玄宗在安史之亂平定後回到了長安的皇宮，曾派人去尋找楊貴妃的遺體，但始終未曾尋得。後世有文人不願接受貴妃慘死的結局，便寫了不少野史，稱楊貴妃並沒有死，當時只是找了一個宮女替身，之後楊玉環還輾轉到了日本。但這終究只是一個傳說，只不過是他們一種無奈的美好願望罷了。

太平公主——東施效顰，終抵不過武則天

在唐朝，除了武則天想當皇帝之外，還有其他幾個女人更有此想法，她們分別是韋皇后、上官婉兒、太平公主等。但是，這幾個人最終都失敗了，其中太平公主參與得最為積極轟動，敗得也最為慘烈。據《全唐文．代皇太子上食表》一文記載，太平公主全名為李令月，是唐高宗李治與武則天的小女兒，平生極受父母兄長尤其是其母武則天的寵愛，權傾一時。只可惜，想登基稱帝的她因西元七一三年涉嫌謀反，被唐玄宗發兵擒獲，賜死於家中。一代女傑，雖想「東施效顰」，但終抵不過武則天也。

忠孝貞潔兩俱全，青春年少受美讚

太平公主，許多人對其的印象是：浪蕩、荒淫、凶殘。其實，這是對她的誤解。少年時代的太平公主，是一個十足的孝女和貞女，其品德受到了時人的好評和讚揚。

太平公主到底生於哪一年，筆者查閱不少史料並未找到。不過，根據《新唐書》記載，麟德二年二月丁酉，李治駕至合璧宮，乾封元年三月十七離開東都，此間李治與武則天居於東都洛陽，由此可以基本斷定太平公主出生於洛陽，又根據她第一次結婚時間可以推斷，她可能生於西元六六五年左右，是武則天和唐高宗李治最小的女兒。

由於是武則天和李治最小的女兒，太平公主極受他們的喜愛。在太平公主六歲左右，她常常去自己的外婆榮國夫人家遊玩。這本是一件好事，卻由此引出禍端。據相關史料介紹，當時太平公主隨行的宮女被其表兄賀蘭敏之強姦，也有說是太平公主被逼姦，可想而知她這個表兄是多麼壞，多麼浪蕩，一點也不比現今的敗家子「官二代」差。賀蘭敏之不僅強姦了宮女，還可能強姦了幼女，並且這個幼女就是自己的親表妹太平公主。如此惡毒之人，自然不能被世人容忍，特別是欺負了武則天的親女兒。武則天得知此事後，勃然大怒，當即決定，撤銷賀蘭敏之身為武家繼承人的身分，並將其流放偏僻之地。嬌生慣養的賀蘭敏之哪裡受過這流放的苦，沒過多久就消瘦不堪，他寫信向武則天求饒。武則天絕不是心軟的女人，也不會出爾反爾，不僅沒有撤銷賀蘭敏之的處罰，一氣之下還迅速將其處死了。我想，這個賀蘭敏之受到了應有的懲罰。

太平公主八歲時，為了替去世的外婆榮國夫人祈福，便出家為女道士，「太平公主」的道號也自此而來。雖然出家，但是太平公主和其他道士不一樣，她不用住在道觀，而是一直住在皇宮。

太平公主自小很漂亮，其名聲都傳到了吐蕃。當時吐蕃王子想來求親，武則天自然捨不得這個孝順的小女兒，便以其當了道士為名婉拒了這場婚姻。

後來，太平公主漸漸長大了，到了談婚論嫁的年齡。有一天，她在皇宮中面見自己的父母，還穿著武官的服飾在他們面前跳舞。

李治和武則天看了後哈哈大笑，並有意問她：「親愛的小女兒，妳又做不了武官，還穿什麼武服呢？」只見太平公主不慌不忙地說：「陛下，我雖然當不了武官，但是可以賜給駙馬呢！」唐高宗頓時明白了太平公主的意思，原來自己的小女兒情竇初開想男人了。隨後，唐高宗李治便開始為太平公主挑選駙馬了。

西元六八一年，十六歲的太平公主被唐高宗安排嫁給了嫡親外甥——城陽公主的二兒子薛紹。她的婚禮就在長安城附近的萬年縣館舉行，皇帝最寵愛的太平公主結婚，理所應當要比一般的婚禮更為豪華。即使現今某地煤老闆七千萬嫁女的奢華場面，也自然是抵不過的。雖然，大唐時期沒有什麼奔馳寶馬壓陣，但至少有成列的馬車和八抬的轎子。據史書記載，太平公主的婚禮現場僅照明的火把就將整個城市照得燈火通明，黑夜猶如白晝，甚至烤焦了沿途的樹木。為了讓公主寬大的婚車通過，還直接拆除了縣館的圍牆。現今的老闆再有本事，結婚也是不敢去拆城市圍牆的，況且他們還談不上顯貴，只是富而已。任何朝代，富永遠是抵不上貴的。

不過，雖然太平公主十分顯貴，但是她很愛自己的丈夫。有多本史料記載，太平公主的第一次婚姻是美滿而幸福的，同時她也並沒有婚內出軌，而是一個貞潔的女人。如果薛紹家族不謀反，或許太平公主就是一個賢妻良母，永遠也不會參與到後來的政治中，更不會想著當皇帝。看來，人生的命運有時真是說不清。

首次婚姻悲劇結束，自此嘗到愛情酸苦

事情永遠沒有自己所期待的那麼美好。西元六八八年，才過了七年甜蜜愛情生活的太平公主遇到了一件改變自己一生的大事。由於薛家參與唐宗室李沖的謀反，也牽連到了太平公主的老公薛紹。雖然本分的薛紹並沒有參與這次謀反，但武則天哪裡允許斬草還不除根呢？於是，武則天並沒有顧及太平公主的感受，直接下令將薛顗處死，並杖責薛紹一百，只可惜身體單薄的薛紹沒能撐住，在罪惡的監獄中活活被餓死。

這時的太平公主是悲傷的，是絕望的，是無奈的，她深深地恨自己的母親武則天，也深深地了解到權力是多麼寶貴。看到自己剛滿月的小兒子，看著丈夫被活活餓死，太平公主卻無能為力。這件事，深深地刺激了太平公主。

武則天心裡是清楚的，為了安慰自己的女兒，她想做一些補償，便打破唐公主食封不過三百五十戶的慣例，將太平公主的封戶破例加到一千兩百戶，這或許冥冥之中為後來太平公主參與叛亂提供了優越的經濟基礎。

時間過了兩年，也就是西元六九〇年，武則天讓女兒太平公主嫁給了武攸暨。這個武攸暨不是別人，就是武則天伯父的孫子，也就是武則天的姪兒。但是，當太平公主嫁武攸暨時，人家還有漂亮的妻子。這並沒有難倒武則天，這個狠心的權力操縱者，直接處死了武攸暨的妻子，排除了這一障礙。

太平公主二婚僅僅過去兩個月，武則天就登基稱帝。太平公主或許並不愛這個武攸暨，因為他性格謹慎謙退，也沒有薛紹浪漫多情。感情得不到滿足，太平公主再也不是以前那個守節的女人。據史料記載，她大肆包養男寵，與朝臣通姦，並將自己用過的男寵進獻給母親武則天，其中就包括「蓮花六郎」張昌宗。自此，涉入政治的太平公主以不可思議的全新面貌出現在了大眾的視野，並逐漸登上權力的高峰。

貪愛權勢樂當政客，稱帝之心悄然萌生

太平公主徹底改變了以往的孝順、貞潔的形象，而是以「喜權勢」的面貌示於眾人。一代帝王武則天看到自己的女兒不僅長相、性格像自己，而且在政事處理方面也頗有天賦，對其更為喜愛了。

首先，太平公主就幫武則天辦了一件大事。由於武則天有一個男寵叫馮小寶，以前很受武則天喜愛，最輝煌的時候，武則天的女婿薛紹還得管馮小寶叫叔叔。後來，馮小寶恃寵而驕，居然因為吃醋便一把火燒了武則天當初得天命修的明堂，並且還糾集了一批三教九流之徒，想要做出什麼謀反的事來。這不是明擺著學習嫪毐嗎？以為當了武則天的男寵，就能翻上天，還想糾集一夥三教九流搞政變，這無異於自尋死路。

馮小寶惡劣的事蹟，武則天心裡很明白。但是她又不能直接出面弄死馮小寶，怕對自己影響不好，心裡十分惱火。於是，這時的太平公主充分顯示出自己的政治才能，她得知武則天的心病後，便密謀假傳聖旨將馮小寶約出來，並聘請高手壯士，直接把這個馮小寶亂棒打死了，然後一把火將其燒成了灰，滅了跡。此事得到了武則天的大力表揚，這個女兒做點謀略還真有一手，居然不費吹灰之力就解決了自己的心病，值得培養和重用。

另外，太平公主還幫武則天搞定了來俊臣。其實，來俊臣這個人是武則天一手提拔起來的酷吏。所謂酷吏就是封建時代掌權者的打手，為排除異己，用各種手段打擊敵人和反

對派。來俊臣為武則天的掌權立下了汗馬功勞，官位也越做越高，後來居然當了御史中丞、司府少卿。這是什麼官呢？就是中央管監察和司法的副手。官做大了，將武則天的政敵也弄得差不多了，俗話說：「狡兔死，走狗烹。飛鳥盡，良弓藏。」來俊臣這個無賴雖沒什麼知識，但也明白這個道理。於是，他竟破天荒地又假想出一些政敵來，又誣告太平公主、太子李旦和武承嗣等武則天的皇親，希望繼續顯示自己的存在。武則天是什麼人物，她心裡清楚得很呢。對於來俊臣的誣告，她也根本沒當回事，反而覺得來俊臣這個獵狗有些太過火了，於是心裡有了將其除掉的打算。

武承嗣這時最穩不住，首先進行了反擊，也誣告來俊臣謀反。不過，他的分量實在太輕，並沒有造成多少效果。這時，太平公主出馬了，她在武則天心裡分量最重，於是加入摺倒來俊臣的行列中。經過太平公主等一夥人的聯名上書，來俊臣終於被打入地牢接受調查。萬歲通天二年（西元六九七年）丁卯，武則天又下令將來俊臣斬首於鬧市並陳屍示眾。當時，許多市民百姓都爭相去剮他的肉，很快就把他的肉割乾淨了。武則天為順應民心，又下詔指責來俊臣的罪惡，而且公告說：「務必誅滅來俊臣全家族，以申雪百姓的憤恨，可依法查抄他的家產。」

太平公主透過這兩件事的處理，初步顯示出了她高超的政治手腕和謀略，同時也受到了武則天的高度信任和賞識。

擁立李顯立有大功，權傾一時朝野震動

之後的太平公主在政治上不斷取得成功，其權勢也日益增大。特別是在神龍元年（西元七〇五年），太平公主又做了一件大事，象徵著她走上了政治的巔峰。當時，李家的擁護者、宰相張柬之不滿武則天的統治，遂發動兵變誅殺二張，欲強迫武則天遜位給太子李顯。太平公主見形勢不對，武則天的強勢政治已式微，便迅速轉向支持李顯，並參與誅殺二張兄弟，立有大功，因而被李顯封為「鎮國太平公主」，並令其開府，封五千戶。

李顯復位後，感激太平公主擁立之功，不僅對其大力賞賜，還讓太平公走到幕前，積極參與政治和治國。同時，李顯還特地下詔免除她對皇太子李重俊、長寧公主等人行禮。

景龍四年（西元七一〇年）七月，太平公主派自己的兒子薛崇簡與劉幽求一起參與了李隆基等誅殺韋后的行動，清除了韋氏黨羽，並親手將李重茂拉下皇位，擁立相王李旦復位，是為唐睿宗。太平公主因此番功勞而晉封萬戶，自此登上唐朝公主權勢的頂峰。

由於太平公主相繼擁立多位國君，功勛顯著，她的權勢也得到了絕對發展。當時，李旦處理國事，經常找太平公主一同商量。上朝時，李旦經常同太平公主商量朝廷大政方針，每次她入朝奏事，都要和李旦坐在一起彼此談論，互相磋商，其受寵程度旁人不可相比。就連宰相處理政事請示皇帝時，李旦也會派遣宰相一定要去太平公主家裡問候諮詢，

直到太平公主認為可行才開始實施。

當時，只要是太平公主想做的事，唐睿宗李旦就沒有不同意的。《資治通鑑》就這麼記載：「上常與之圖議大政，每入奏事，坐語移時；或時不朝謁，則宰相就第咨之。每宰相奏事，上輒問：『嘗與太平議否？』公主所欲，上無不聽。」

當時，大小官員看到太平公主的權力甚至超過了皇帝，一向懂得趨炎附勢的官員們開始大量向太平公主行賄，希望得到提拔和重用。太平公主自然也是滿足了他們的願望，朝中許多臣子因此受到了重用。太平公主的財產也隨之不斷增多，其田產遍布京城長安郊外各地，家裡藏的珠寶更是數不勝數，不知道有沒有清朝的貪官和珅家裡多，但至少在當時絕對是全國豪富中的霸主。《資治通鑑》就評價：「太平公主沉敏多權略，屢立大功，益尊重，自宰相以下，進退繫其一言，其餘薦士驟歷清顯者不可勝數，權傾人主，趨附其門者如市。」

玄宗方為真命天龍，太平公主僅為鳳鳥

太平公主在遇上李隆基之前，沒有遇到對手，政治上是順順利利的。但是，當李隆基成為她的對手後，這時的太平公主才知道自己根本不是對手，只能是沒有老虎時山上跳躍的猴子罷了。

最開始，她認為李隆基很年輕，並不是自己最強的敵人，哪裡知道她徹底看錯了，李隆基並不是好惹的。李隆基逐漸顯示出自己的政治才能後，太平公主有些急了，她準備勸說李旦重新改立昏庸懦弱的人為太子。於是，她派人到處散布流言，聲稱「太子並非皇帝的嫡長子，因此不應當被立為太子」。

這時的李隆基並沒有慌張，而是派了自己的鐵桿兄弟宋璟與姚崇祕密地向李旦進言：「宋王李成器和豳王李守禮現在都對太子李隆基有一定威脅，請求陛下將他們兩人外放為刺史。同時，也將太平公主與武攸暨安置到東都洛陽。」李旦說：「朕現在已沒有兄弟了，只有太平公主這一個妹妹，怎麼可以將她遠遠地安置到東都去呢！至於諸王則任憑你們安排。」於是先頒下制命說：「今後諸王、駙馬一律不得統率禁軍，現在任職的都必須改任其他官職。」自此，太子李隆基掃清了爭奪太子的競爭者，緩和了緊張的局勢。

延和元年（西元七一二年）八月，睿宗李旦傳位於太子李隆基，自己退為太上皇，改元先天。自此，李隆基登上了皇位。但是，太平公主並沒有死心。當時，朝中七位宰相有五人是太平公主提拔，另外大臣一半以上屬於太平公主的心腹，於是太平公主專擅朝政，與皇帝李隆基發生尖銳衝突。太平公主還謀劃與竇懷貞、岑羲、蕭至忠等一起廢掉唐玄宗，並計劃在進獻給李隆基的天麻粉中投毒。

太平公主的舉動，李隆基完全看在眼中，並與自己的心腹大臣做好了充分準備。首先，李隆基控制住了左右羽林軍和左右萬騎軍，並指使魏知古告發太平公主發動叛亂，說她派遣常元楷、李慈率領羽林軍突入武德殿，另派竇懷貞、蕭至忠、岑羲等人在南牙舉兵響應。

初三那天，李隆基透過王毛仲調用閒廄中的馬匹以及禁兵三百餘人，從武德殿進入虔化門，召見常元楷和李慈二人先將他們控制後斬首，在內客省（中央接待四方來使的禮儀機構）逮捕了賈膺福和李猷並將他們帶出，又在朝堂上逮捕了蕭至忠和岑羲，下令將上述四人一起斬首。竇懷貞逃入城壕之中自縊而死，唐玄宗下令斬戮他的屍體，並將他的姓改為毒氏。太平公主倉皇逃入山寺，直到事發三天以後才出來。李隆基並沒有放過太平公主，立即下詔將其賜死在家中，防止其絕地反擊。太平公主的其他兒子及黨羽數十人也一併被李隆基處死，只有薛崇簡因為平日屢次諫阻其母太平公主而受到責打，所以例外地被免於死刑，並准許留任原職。

當唐玄宗派手下查抄太平公主的家產時，發現公主家中的財物堆積如山，珍寶器玩可以與皇家府庫媲美，廄中牧養的羊馬、擁有的田地園林和放債應得的利息，幾年也清點不完。可想而知，太平公主的富裕程度令人震撼，但即使如此富裕也無法填滿她那對權勢無限熱衷的心。蔡東藩對其評價得十分到位：「婦女不必有才，尤不可使有功，才高功大，則往往藐視一切，一意橫行，況有母后武氏之作為先導，亦安肯低首下心，不自求勝耶？卒之天授玄宗，心勞日拙，欲藉口於星變，而反迫成睿宗之內禪，欲定期以起事；而又促成玄宗之討逆，身名兩敗，不獲考終，嗟何及哉！」

五代十國

花蕊夫人——疑是紅顏禍水，原為帝王賢內助

皇帝的女人，一般有三種，一種是強人亂政的，甚至想搞掉皇帝自己取而代之；一種是花瓶類的，除了爭風吃醋，愛吃愛玩以外再別無他用；還有一種不僅漂亮，還有智慧，更重要的是能當皇帝的賢內助。蓉城大美女花蕊夫人就屬於第三種，這位後蜀皇帝孟昶的貴妃，是五代十國時期著名的女詩人，流傳至今的詩作就有九十多首，其中最著名的〈述國亡詩〉：「君王城上豎降旗，妾在深宮那得知。十四萬人齊解甲，寧無一個是男兒。」更不知騙走了多少文人雅士的眼淚，她被後世尊稱為「蓉城（成都）花神」，名揚四方，譽滿古今。

冰肌玉骨絕色美女，名揚蜀地一線明星

提到花蕊夫人，首先就得提到成都。自古美女出蘇杭，也出蜀地。蜀地為天府之國，自李冰父子修建都江堰之後，更是肥沃千里，繁華萬千。諸葛亮在〈隆中對〉中贊曰：「益州塞險，沃野千里。」大詩人李白也寫詩形容成都的富庶和秀麗：「九天開出一成都，萬戶千門入畫圖。草樹雲山如錦繡，秦川得及此間無？」如此被名人讚譽的地方，出生其間的女子當然有許多是美貌多姿，特別迷人了。而花蕊夫人就是其中的佼佼者，時人讚其曰：「花不足以擬其色，蕊差堪狀其容。」

那麼，花蕊夫人到底是一個怎樣的人物呢？五代十國留名的皇帝本來就不多，為何她一個弱女子卻能被廣為傳頌？原來，這個花蕊夫人不是別人，而是後蜀皇帝孟昶的貴妃，尤其擅長寫詞。據史料記載，花蕊夫人出生在青城（今四川省都江堰市東南），姓費。至於名字到底叫什麼，史料也沒具體記載，不過她是都江堰市費姓之人的祖先倒是真的，不然該地的費氏家族怎麼會修一座費氏宗祠特地紀念這位才女呢，只可惜宗祠在一九二三年被破壞掉了。

花蕊夫人的出身不好，不像李清照、卓文君那樣生在官宦地主之家，她僅僅是平民出身，很小就淪為歌妓，也就是打小就進入了八大行業混飯吃，由於人漂亮，又有才華，很快就成為蜀地的一線明星。

由於當時沒有電視，也沒有報紙，更沒有現在所謂的新媒體（FB、Line 等），所以花蕊夫人的美貌也就沒能全面地記錄下來，當然也就沒有留下一張照片寫真什麼的。花蕊夫人的男人——後蜀主孟昶，當時特地作了詩詞描寫花蕊夫人：「冰肌玉骨清無汗，水殿風來暗香滿。」「冰肌玉骨」，就是皮膚雪白玉潤，骨如玉石通透一般。後來，也有古人好事，著墨了一些具體細節。比如陶宗儀在《輟耕錄》中贊曰：「意花不足擬其色，似花蕊之翾輕也。」這個「翾」字，是「小飛」之態，可以想像到花蕊夫人如跳芭蕾舞的演員一樣輕盈，身材一定很苗條。蘇東坡也寫了一首〈洞仙歌〉讚美花蕊夫人：「冰肌玉骨，自清涼無汗。水殿風來暗香滿。繡簾開、一點明月窺人，人未寢、欹枕釵橫鬢亂。起來攜素手，庭戶無聲，時見疏星渡河漢。試問夜如何？夜已三更，金波淡、玉繩低轉。但屈指、西風幾時來，又不道、流年暗中偷換。」

後宮佳麗唯寵一人，牡丹滿城日夜宴請

前蜀亡後，兩川節度使孟知祥大練甲兵，並僭稱帝號。沒過多久，他的兒子孟昶繼位。這位孟昶和李煜一樣，都遇到了短暫難得的和平時期，度過了一段快樂的日子，「蜀地十年不見烽火，不聞干戈，五穀豐登，斗米三錢。士民採蘭贈芬，買笑追歡」。如此繁華太平，孟昶自然不願辜負好時光，盡情奢靡享樂，尤其最愛美女。只要是漂亮的少女，孟昶都不願放過，紛紛將她們徵召進宮安心享用。身為蜀地演藝圈的一線明星、歌壇的大美女，花蕊夫人自然也逃不過孟昶的眼睛。很快，偶像級歌星花蕊夫人便被召進孟昶的後宮，受到了後主的極度寵愛，還被尊奉為費貴妃。

花蕊夫人也像玉環一樣，受到了皇帝的特別寵幸。「一騎紅塵妃子笑，無人知是荔枝來」是唐玄宗李隆基對楊貴妃的萬般寵幸；而「洛陽牡丹甲天下，成都牡丹勝洛陽」則是孟昶對花蕊夫人的特別偏愛。當時，由於花蕊夫人最愛牡丹花，於是孟昶就下令官民一同

在成都城內大量種植牡丹。牡丹開花後，他又召集群臣，開筵大賞，日日飲宴歌舞，夜夜作賦吟詩。

為迎合花蕊夫人的愛花之心，孟昶還在西元九三八年下令在成都城大量種植芙蓉。「此花紅白相間，一日三變，分外妖嬈，深秋芙蓉盛開，沿城四十里如錦繡」，這就是成都被稱為「蓉城」的由來。芙蓉花盛開時，全城的男女老少都出門去欣賞美景，城中綺羅成陣，簫鼓畫船，特別熱鬧。孟昶也趁此帶著花蕊夫人等浩浩蕩蕩出宮踏青，大賞滿城秀色，好一派末世即將到來的迴光返照。

除了賞花之外，孟昶還最喜歡吃花蕊夫人做的薯蘋。每月初一，花蕊夫人便將薯蘋切片，蓮粉拌勻，加用五味，清香撲鼻，味酥而脆，又潔白如銀，望之如月，宮中稱為「月一盤」。據史料記載，每值御宴，花蕊夫人就為孟昶做菜，其中沒有一道是重複的。賞花，品食，兩人還即興作詩。特別是花蕊夫人的文學才華更是當時一絕。「三月櫻桃乍熟時，內人相引看紅枝。回頭索取黃金彈，繞樹藏身打雀兒」，就是花蕊夫人在宮中飲酒時所作。寫好了宮詞之後，後主孟昶便傳諭翰林大學士將〈花蕊夫人宮詞〉刊行天下，還得意地說：「今生能得花蕊為妃，我要叫天下人都羡慕我、嫉妒我！」

但是，生於憂患，死於安樂。身為有一定文學基礎的花蕊夫人是清醒明白的，她多次效法前賢脫簪待罪，然而後主孟昶卻笑嘻嘻地對她說：「蜀道之難難於上青天，卿儘管放心，一切有孤！」花蕊夫人又建議節省宮中的花費以資軍用，沒想到卻惹來孟昶的怒氣：「蜀中富甲天下，何用妳作此小家小戶之行！」

看來，這位楊貴妃一樣的女子，本想行馬皇后的事蹟欲做帝王賢內助，卻被荒淫之君孟昶給一口回絕了。因此，後蜀的滅亡，又怪得了誰呢？他們一時的歡樂，不正暗暗預示著國破家亡的迅速到來嗎？

國破家亡後主暴斃，花蕊夫人再為人妻

正當後蜀孟昶與花蕊夫人沉浸於恩恩愛愛卿卿我我之時，北方的一代雄主趙匡胤已黃袍加身坐上了皇帝的寶座，國號定為宋，也逐漸統一北方。北方安定之後，趙匡胤開始將矛頭對準後蜀。

這時的花蕊夫人看到時局的變化，隱隱感覺到再也不能這麼安於享樂，她希望孟昶能及時夢醒，不要再沉湎於兒女私情，而要勵精圖治，振興後蜀。但這個昏君孟昶自認為「蜀地山川險阻」，趙匡胤再厲害也不可能翻山越嶺打到他們成都。正如南唐後主李煜一樣，他自以為有長江天險，趙匡胤又能奈他若何。

可是孟昶失算了，不久之後，宋太祖趙匡胤就派忠武節度使王全斌率精兵六萬向蜀地進攻，並諭令將士：「行營所至，毋得焚蕩廬舍，驅逐吏民，開發丘墳，剪伐桑拓。」又

表明，凡克城寨，不可濫殺俘虜，亂搶財物。當年大雪紛飛，天氣異常，本不是打仗的好季節，但趙匡胤依舊執著，他為了鼓勵將士，親自解下紫貂裘帽，遣太監飛騎趕往蜀地賜給帶兵打仗的王全斌，且傳諭全軍說：「我被服如此，體尚覺寒，念西征將士，衝犯霜霰，何以堪此？」

趙匡胤這招收買人心的舉動確實管用，軍士們對此大為感動，人人奮勇殺敵，蜀地十四萬守成都的士兵竟不戰而潰，落荒投降。當時孟昶還沒反應過來，他對花蕊夫人說：「我父子以豐衣足食養士四十年，一旦遇敵，竟不能東向發一矢！」

無力回天之下，孟昶無奈自縛出城請降。一個堂堂的蜀國，竟然只用了六十六天就不戰自潰，迅速滅亡，這的確令人反思。投降之後，孟昶和花蕊夫人等三十三人被宋軍將士押赴汴梁，當時天空中的杜鵑鳥不停哀嚎：「行不得也，哥哥！」「行不得也，哥哥！」其悲痛的場景，真令人心碎不堪。

當花蕊夫人被押到北宋首都汴梁（今河南省開封市）時，宋太祖早聞其美貌聲名，迅速召她進宮相見。當花蕊夫人走到皇帝座前，一種香澤撲入太祖鼻中，令他心醉神怡。仔細端詳，只覺花蕊夫人千嬌百媚，膚白如脂，難以言喻，嬌音如鶯簧百囀，嚦嚦可聽，當即就把太祖的魂靈喚了過去，弄得他心猿意馬，不能自拔，立即將其留在了宮中，通令侍宴。

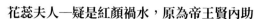

後主孟昶見此悲傷不過，整日以淚洗面，七天之後就暴斃身亡。也有說法稱，趙匡胤覺得孟昶是個障礙，就把他給毒死了。四十七歲的孟昶已死，宋太祖假仁假義停止朝議五日，素服發表，賻贈布帛千匹，葬費盡由官給，追封其為楚王，把他葬在洛陽，其家屬仍留汴京。不過，一個亡國之君又能要求人家怎樣呢？許他一個葬禮也算對得起孟昶了。

孤苦無依的花蕊夫人僅僅是一個弱女子，她沒有勇氣殉葬孟昶，無法像歷史中的貞女節婦一樣，為了貪生她只能像李煜的小周后那樣，被趙匡胤攬進了懷中。趙匡胤經常讓花蕊夫人一同飲酒，並讓她現場作詩。在這種特殊情況下，花蕊夫人懷著悲痛的心情，即席作宮詞近百首，充分顯示了其過人的才華。「初離蜀道心將碎，離恨綿綿，春日如年，馬上時時聞杜鵑。三千宮女皆花貌，共鬥嬋娟，髻學朝天，今日誰知是讖言。」這首詞雖是花蕊夫人離開蜀地到汴梁途中所作，但後來與趙匡胤飲酒之時吟了出來，隨即就深得趙匡胤喜愛，從此更加受寵幸了。

一生只愛後主孟昶，私掛畫像燒香祭拜

雖然趙匡胤對花蕊夫人十分欣賞，也比較寵愛她，但是花蕊夫人心中並沒有真正愛過趙匡胤。每一次對宋太祖的嫵媚一笑，花蕊夫人都是強裝出來。每到夜深人靜時，花蕊夫人總會坐在窗前，遙望天空的月亮，迎著清冷的風，孤獨地思念自己的愛人。為了讓孟昶

的形象在自己心中永不消失，花蕊夫人還特地畫了張像掛在臥室，一個人獨處時便燒香祭拜，希望神靈能夠保佑夫君順利進入天堂，保佑他們來世還能相守。

民間相傳，有一次，趙匡胤退朝之後，想去看一看心愛的花蕊夫人，便徑直走向了花蕊夫人的寢宮。當走進房間，他看到花蕊夫人正站在窗前，對著牆壁上懸著的畫像，虔誠地點香禮拜。太祖感到很是吃驚，心中有些納悶和不解，花蕊夫人叩拜的到底是誰呢？

接著，太祖走上前去，細細端詳畫像，只見一個人端坐在椅子上，其相貌似曾相識，可又想不出具體是哪位。為了搞清究竟，太祖便只好詢問花蕊夫人。

夫人見太祖突然進來，驚慌之下撒謊道：「此為俗傳張仙像，虔誠供奉可得子嗣。」太祖聽了哈哈一笑：「愛妃如此虔誠，莫非是為了給朕添一子嗣！值得嘉獎，但張仙雖掌管送生，究竟是個神靈，若供在寢宮，未免褻瀆仙靈，反干罪戾。」

花蕊夫人聽了太祖的話，連連拜謝，慶幸自己祭拜孟昶的事未被他看穿。是的，花蕊夫人與孟昶有著深厚的感情，他們相處融洽恩愛。自從孟昶被太祖毒死之後，她是生不如死，悲憤萬千。在太祖的威逼下，出於對生的渴望，她勉承雨露，但心裡一直拋不下心愛的孟昶。於是，她悄悄畫了孟昶的像，希望借叩首禮拜表達自己的情思。沒想到，這差一點被太祖看穿，其中驚險令人膽顫害怕。

花蕊夫人禮拜張仙的消息很快在宮中傳來，許多嬪妃為了求子，便都到她宮中照樣畫了一幅，掛在臥室牆壁上，對其恭恭敬敬虔誠供奉起來，希望生個可愛的皇子，給自己帶來榮華富貴。不久，張仙送子的故事又從宮中傳到了民間，許多百姓婦女為懷兒子，也照著畫了一幅張仙，香花頂禮，虔誠祭拜。直到今天，也還有人供奉張仙求子，成為民間一道亮麗的風景。後人詠此事：「供靈詭說是神靈，一點痴情總不泯。千古艱難唯一死，傷心豈獨息夫人。」

後來，花蕊夫人因為不小心介於宋廷權力的鬥爭，在立太子的問題上觸犯了太祖弟弟趙光義的利益，接著就被其殘忍報復。在一次打獵時，趙光義故意一箭將花蕊夫人射死了。太祖趙匡胤雖然英明，但畢竟光義是自己的親弟弟，花蕊夫人僅僅是一個嬪妃，孰親孰疏，他心裡有一桿秤，也沒有過分追究。北宋中期邵博的《聞見近錄》對此進行了作證：「若花蕊夫人為我折花，吾則飲酒。隨即，光義引弓將其射死。」北宋末年《鐵圍山叢談》也有介紹：「趙光義調弓矢，引滿擬獸，忽回射花蕊，一箭而死。」

不過，史學家蔡東藩在《宋史演義》中則提出了另外一種觀點，他稱趙匡胤和花蕊夫人纏綿幾年後，見其美色漸退，有了審美疲勞，就移情別戀愛上了一個姓宋的美女，「是時宋氏年十七，太祖年已四十有二了。俗話說得好：『痴心女子負心漢。』那花蕊夫人本有立后的希望，一朝被宋女奪去此席，倒也罷了，誰知太祖的愛情，也移到宋女身上去，長門漏靜，誰解寂寥？痛故國之云亡，悵新朝之失寵，因悲成病，徒落得水流花謝，玉殞香消」。大意就是趙匡胤厭煩了花蕊夫人，不再去她寢宮歇息，還愛上了一個「小鮮花」，受到冷落的花蕊夫人悲憤不過，抑鬱而終。

誠然，無論花蕊夫人是被射死，還是病死，都不影響她的詩作在民間流傳。她的〈述國亡詩〉、〈宮詞〉等作品就像鮮豔的牡丹花一樣香滿大地，潤澤四方，成為後人品嘗的「文學咖啡」。

宋

李清照——兩千年出一位的女天才

在中國文學史上，蘇軾的文壇地位毋庸置疑為「大宋一哥」，幾乎沒有人敢對其詞作「說三道四」。但是，有一位女詞人例外，她就是李清照。「東坡詞不協音律，句讀不齊之詩」便是李清照對蘇軾的負面評價，可見其膽量和魄力。那麼，李清照到底是一個怎樣的人？何以敢批評大詞人蘇東坡？她的詞作在文學史上又占據怎樣的地位？請隨筆者一同走近這位中國兩千年才出一位的文學女天才！

書香門第家境優，飽讀詩書不知愁

在封建社會，女性是沒有機會參加科舉考試的，也就沒有仕途可言，因此大多數家庭都不會讓女子讀書。像李清照這樣還能學習詩詞，並精於填寫，的確十分難得，鳳毛麟角。那麼，為什麼李清照是一個特例，她又出生在什麼樣的特殊家庭呢？

據史料記載，李清照的父親名叫李格非，濟南歷下人，進士出身，是大文學家蘇東坡的學生，官做到了提點刑獄、禮部員外郎。禮部員外郎這個不用說了，相當於教育部的一個司長，比民國期間擔任處長的魯迅還要大兩級。提點刑獄又是什麼官呢？大概相當於司法廳副廳長之類的官。李格非的官職為李清照創造了一定的物質基礎，同時李格非還是一位教育家，擔任過太學博士，又十分愛好藏書，更為李清照創造了好的文學環境。這些都只是硬體設施，更令人驚奇的是，李格非自己也是一位大詞人，當時被稱為「蘇門後四學士」之一，現存於山東曲阜孔林思堂之東齋的北牆南起第一方石碣刻，上面就有介紹佐證：「提點刑獄、進士，歷下李格非，崇寧元年（西元一一〇二年）正月二十八日率褐、過、迥、逅、遠、邁，恭拜林塚下。」

除了父親具知識修養，李清照的母親更不一般，是大宋仁宗時期的科舉狀元王拱辰的孫女，很有文學修養。這個王拱辰還擔任過翰林學士、吏部尚書。翰林學士就不說了，許多讀者都知道，吏部尚書更是掌管人事的部長，屬於典型的實權派。因此，生在這樣的家庭，其文化基礎自然不同一般了。《宋史》記載：「王氏，亦善文。」由此可以看出李清照的母親王氏很懂詩書，也是當時有名的文學家。

李清照出生在這樣有著濃厚文學氛圍的家庭裡，自然是「近水樓臺先得月」，在文學上得到了不少的指點。再加上她聰慧穎悟，有著極高的天賦，其文學才華很早便顯現出來。王灼《碧雞漫志》就記載，「自少年便有詩名，才力華贍，逼近前輩」，受到當時的文壇名家、蘇軾的大弟子晁補之的大力稱讚。而朱弁《風月堂詩話》卷上也讚揚李清照「善屬文，於詩尤工，晁無咎多對士大夫稱之」。《說郛》第四十六卷引《瑞桂堂暇錄》

稱她「才高學博，近代鮮倫」。朱彧《萍洲可談》別本卷中褒獎她的「詩文典贍，無愧於古之作者」。

李清照並沒有辜負時人的稱讚，她在不到二十歲時就寫出了後世廣為傳誦的著名詞章〈如夢令〉：「昨夜雨疏風驟，濃睡不消殘酒。試問捲簾人，卻道海棠依舊。知否，知否？應是綠肥紅瘦。」此詞一問世，便轟動了整個京師，「當時文士莫不擊節稱賞，未有能道之者」（《堯山堂外紀》卷五十四）。

這都不算什麼，李清照又因為讀了著名的〈讀中興頌碑〉詩後，當即寫出了令人拍案叫絕的和詩〈浯溪中興頌詩和張文潛兩首〉。

其一

五十年功如電掣，華清花柳咸陽草。
五坊供奉鬥雞兒，酒肉堆中不知老。
胡兵忽自天上來，逆胡亦是奸雄才。
勤政樓前走胡馬，珠翠踏盡香塵埃。
何為出戰輒披靡，傳置荔枝多馬死。
堯功舜德本如天，安用區區紀文字。
著碑銘德真陋哉，乃令神鬼磨山崖。

子儀光弼不自猜，天心悔稿人心開。
夏商有鑒當深戒，簡策汗青今具在。
君不見當時張說最多機，雖生已被姚崇賣。

其二

君不見驚人廢興傳天寶，中興碑上今生草。
不知負國有奸雄，但說成功尊國老。
誰令妃子天上來，虢秦韓國皆天才。
花桑羯鼓玉方響，春風不敢生塵埃。
姓名誰復知安史，健兒猛將安眠死。
去天尺五抱甕峰，峰頭鑿出開元字。
時移勢去真可哀，奸人心醜深如崖。
西蜀萬里尚能反，南內一閉何時開。
可憐孝德如天大，反使將軍稱好在。
嗚呼，奴輩乃不能道輔國用事張後專，乃能念春薺長安作斤賣。

看了此詩後，你們還覺得這是一個女子的水準嗎？該詩筆勢縱橫地評議興廢，總結了唐代安史之亂前後興敗盛衰的歷史教訓，借嘲諷唐明皇，告誡宋朝統治者「夏商有鑑當深戒，簡策汗青今具在」。一個年少的女孩，居然對國家社稷能表達出如此深刻的關注和憂慮，對黎民百姓能有如此的同情，不能不令世人刮目相看。宋代學者周輝的筆記《清波雜志》就認為這兩首和詩「以婦人而廁眾作，非深有思致者能之乎？」明代學者陳宏緒的《寒夜錄》評此兩詩：「奇氣橫溢，嘗鼎一臠，已知為駝峰、麟脯矣。」

透過以上幾篇作品，李清照的聲名在大宋徹底打響，這有點迎合了民國才女張愛玲所稱的那樣：「出名要趁早！」李清照的時代也隨之到來了。

靚女才子兩相悅，前世有緣後世缺

男大當婚，女大當嫁。十八歲的李清照迎來了她的愛情。這個男人不是別人，就是二十一歲的太學生趙明誠。他們兩人一見鍾情，很快便在汴京（今河南省開封市）成婚。據李清照在〈金石錄後序〉中說：「余建中辛巳，始歸趙氏。」當時李清照之父李格非任禮部員外郎，趙明誠之父趙廷之任吏部侍郎，均是朝廷的大官，可謂是門當戶對。李格非和趙廷之兩人是老鄉，都是山東人，但是趙廷之是改革派，得罪了不少人，就連蘇東坡都不太喜歡趙廷之，還給了他一個評語：「聚斂小人，學行無取，豈堪此選。」大意就是這個貪汙腐敗的小人，怎能擔當大任呢？不過，這都是後話了。總之，李清照嫁到了一個官宦家庭，其生活也是不錯的。更為可貴的是，她非常喜歡自己的丈夫趙明誠，兩人感情生活十分甜蜜。

那麼，趙明誠是如何吸引李清照的呢，又是如何讓李清照這樣的大才女以身相許呢？原因很簡單，因為趙明誠雖然出生在官宦家庭，但一點沒有「官二代」的臭架子。另外，趙明誠是最高學府太學的高材生（相當於臺成清交的「學霸」），不僅能寫詩詞，還愛收藏金石文物。這些愛好和才能，讓李清照都相當看重，是一個身為老公的績優股。兩人歡歡喜喜進入了婚姻殿堂，婚後經常一起討論文學。另外，他們還透過親友故舊，想方設法把朝廷館閣收藏的罕見珍本祕笈借來「盡力傳寫，浸覺有味，不能自已」。遇有名人書畫，三代奇器，更不惜「脫衣市易」。

後來，趙明誠從太學畢業後就進入仕途，當了一個小官。可惜好景不長，朝廷內部激烈的新舊黨爭把李家捲了進去。宋徽宗崇寧元年（西元一一〇二年）七月，李格非被列入元祐黨籍，被罷提點京東路刑獄之職，還株連到李清照身上。崇寧二年（西元一一〇三年）九月庚寅詔禁元祐黨人子弟居京：「辛巳，詔：『宗室不得與元祐奸黨子孫為婚姻。』（《宋史》卷十九〈徽宗本紀〉）崇寧三年（西元一一〇四年），「夏，四月，甲辰朔，尚書省勘會黨人子弟，不問有官無官，並令在外居住，不得擅自到闕下」（《續資治通鑑》卷八十八）。這時，因為政治的原因，李清照與趙明誠不得不忍痛分別，偌大的汴京已沒了李清照的立錐之地。無奈之下，李清照孤獨一人回到了自己的故鄉，去投奔曾經被他們遺歸的家人。

世事翻覆莫測，誰也沒有想到，後來發生的事更是令人猜不透。崇寧四年（西元一一〇五年），李清照的公公趙廷之因為與蔡京爭權，檢舉其奸惡，便請辭避禍。沒想到這次造成了效果，崇寧五年（西元一一〇六年）二月，蔡京便被皇帝罷相，趙廷之重新當了尚書右僕射兼中書侍郎，成為國家宰相。與此同時，朝廷大赦天下，解除一切黨人之禁，李格非等「並令吏部與監廟差遣」（《續資治通鑑拾補》卷二十六），李清照也得以返歸汴京與趙明誠團聚。可是沒過多久，蔡京又官復原職，再次成為宰相，無情的政治災難降臨到趙氏一家頭上。三月，趙廷之被罷右僕射，沒過幾天就一命嗚呼。死了三天，蔡京又誣陷趙廷之，趙的家屬、親戚均在京城被捕入獄。隨後，趙廷之贈官被追奪，其子的蔭封之官亦因此丟失，這時的趙家已經衰敗，再也無法在汴京待下去了。李清照看到這情況，便勸解丈夫回到在青州的私第，開始了屏居鄉里的生活。

回到青州時，李清照剛好二十五歲，她給自己取了一個號為「易安居士」。當時，曾對李清照極為稱賞的文學家晁補之，也因為黨派之爭被罷官歸隱到故鄉緡城（今山東省金鄉縣），自號「歸來子」。晁補之修了「歸去來園」，園中的堂、亭、軒皆以〈歸去來兮辭〉中之詞語命名。李清照、趙明誠因為對晁補之十分仰慕，步其後而模仿，也以「歸來堂」名其書房。「歸來堂」中，李清照與趙明誠雖遠離了風雲變幻的京城生活，但是在鄉村找到了久違的樂趣。他們開始靜下心來進行文學創作。而趙明誠更是將主要精力用在了搜求金石古籍上面，在〈金石錄後序〉中，李清照作了詳盡敘述：「後屏居鄉里十年，仰取俯拾，衣食有餘。連守兩郡，竭其俸入，以事鉛槧。每獲一書，即同共勘校，整集籤題。得書、畫、彝、鼎，亦摩玩舒卷，指摘疵病，夜盡一燭為率。故能紙札精緻，字畫完整，冠諸收書家。」這兩人的生活也夠瀟灑的了，不亞於陶淵明和孟浩然的田園生活吧！

政和七年（西元一一一七年），在李清照的幫助下，趙明誠完成了《金石錄》的寫作。除自作序言外，他們還特請當時著名學者劉跂題寫了一篇〈後序〉。相關史料稱，趙明誠撰《金石錄》，李清照「亦筆削其間」（張端義《貴耳集》卷上）。宋徽宗宣和三年（西元一一二一年）八月，清照才由青州赴萊州。途經昌樂，宿於驛館，李清照作〈蝶戀花‧晚止昌樂館寄姐妹〉：「淚溼羅衣脂粉滿，四疊陽關，唱到千千遍。人道山長山又斷，蕭蕭微雨聞孤館。惜別傷離方寸亂，忘了臨行，酒盞深和淺。好把音書憑過雁，東萊不似蓬萊遠。」表達對青州姐妹的惜別之情。

當年八月十日，李清照到達萊州，又作〈感懷〉詩一首。詩前有小序云：「宣和辛丑八月十日到萊，獨坐一室，平生所見，皆不在目前。几上有禮韻，因信手開之，約以所開為韻作詩。偶得『子』字，因以為韻，作感懷詩云。」

婚姻生活不長久，人到四十悲且愁

然而，這樣的幸福日子畢竟沒能長久，宣和七年（西元一一二五年），李清照已經四十二歲，丈夫趙明誠改守淄州，她跟隨居住在了淄州。

宋高宗建炎元年（西元一一二七年），李清照四十四歲，南宋開始。是年三月趙明誠因母親死於江寧（今江蘇省南京市），南下奔喪。北方局勢愈來愈緊張，李清照著手整理遴選收藏準備南下：「既長物不能盡載，乃先去書之重大印本者，又去畫之多幅者，又去古器之無款識者。後又去書之監本者，畫之平常者，器之重大者。凡屢減去，尚載書十五車，至東海，連艫渡淮，又渡江，至建康。」（〈金石錄後序〉）十二月，青州兵變，殺郡守曾孝序，青州剩餘書冊被焚。李清照在〈金石錄後序〉中曾這樣記載此事：「青州故第，尚鎖書冊用屋十餘間，期明年再具舟載之。十二月，金人陷青州。」此處文字當因在傳抄中或遺漏或衍文而臻誤。史實應為「青州兵變」。

當李清照押運十五車書籍器物行至鎮江時，正遇張遇攻陷鎮江府，鎮江守臣錢伯言棄城而去（《續資治通鑑》卷一〇一），而李清照卻以其大智大勇在兵荒馬亂中將這批稀世之寶，於建炎二年（西元一一二八年）春押抵江寧府。

建炎三年（西元一一二九年）二月，趙明誠被免去江寧官職，三月與李清照「具舟上蕪湖，入姑孰，將卜居贛水上」（〈金石錄後序〉）。舟過烏江楚霸王自刎處，李清照觸景生情，有感而作〈夏日絕句〉以弔項羽：「生當作人傑，死亦為鬼雄。至今思項羽，不肯過江東。」這首詩也被後人極為推崇，項羽的英雄形象和遺憾，被李清照寫得極令人同情和惋惜。

當年五月，他們走到池陽（今安徽省貴池市），這時皇帝下詔趙明誠去湖州當領導人。可惜不幸的是，八月十八日，他卻因病卒於建康（今江蘇省南京市）。

看到自己的老公去世，李清照悲痛萬分，無法自拔。她特地寫文祭之：「白日正中，嘆龐翁之機捷；堅城自墮，憐杞婦之悲深。」隨後，李清照將丈夫厚葬，由於悲傷過度而大病一場。當時國勢日急，為保存趙明誠所收藏的文物書籍，李清照派人運送行李去投奔趙明誠在洪州當官的弟弟。哪裡知道，當年十一月，北方的金人攻陷了洪州，所謂「連艫渡江之書散為雲煙」。

見到這種情景，走到半路的李清照，無奈丟掉了一部分書籍輕身倉皇南逃，在顛沛流離中，她的書文又幾乎散失殆盡，其心情是悲痛絕望的。

國破家亡又改嫁，流亡孤苦後半生

紹興二年（西元一一三二年），李清照顛沛流亡到了杭州。夫君的去世，文物書籍的散失，國家的破敗，都給她帶來了無盡的折磨。走投無路的她甚至想到了自殺，這時一個男人進入了她的生活。他是誰呢？就是張汝舟。

遇到張汝舟時，李清照四十九歲了，離她前夫趙明誠去世已有三年之久。其實，這個張汝舟愛的可能並不是李清照本人，畢竟這時才女李清照已經是近五十歲的人，雖算不上人老珠黃，但至少也是形容憔悴的中年婦女，沒什麼吸引力。透過作弊考上進士的張汝舟，在朝廷任了官職，他與李清照的接觸，可能更是想打金石文物的主意。但是，哪裡知道這些東西李清照視若生命，怎麼會拱手相讓呢！婚後，張汝舟見無法控制李清照，又無法拿到《金石錄》，便對其心生怨恨，時有暴打李清照的舉動。

一代才女這時遭遇了家暴，被張汝舟折磨得不成樣子。張汝舟的野蠻行徑，使大才女李清照難以容忍。絕望悲痛之下，李清照進行了反擊。她知道張汝舟當年科考營私舞弊，並虛報考試次數騙取了官職的罪行（宋代規定舉子考試到一定次數、取得一定資格後可以授官），便立即報官告發了張汝舟，同時提出離婚要求。

李清照的檢舉很快得到了監察部門的重視，相關主管人員立即對張汝舟進行了調查。

透過調查核實，李清照檢舉的內容屬實，於是張汝舟便被除名編管柳州。隨之，李清照與張汝舟成功離婚。但是，宋代法律規定，妻告夫要判處三年徒刑，李清照也進入了監獄服刑。吉人自有天相，李清照才剛被關進監獄，就被翰林學士綦崇禮等親友大力營救，關押九日之後她也便獲釋了。

這次再婚經歷讓李清照心力交瘁，但她生活的意志並未消沉，這些痛苦反而更促進了她詩詞創作的熱情。她將個人的痛苦與國家的興亡連繫起來，寫出了許多具有極高水準的文學作品。譬如〈上樞密韓公、工部尚書胡公〉這首詩，筆者就非常喜歡，不妨與讀者一同分享，全文如下：

三年復六月，天子視朝久。
凝旒望南雲，垂衣思北狩。
如聞帝若曰，岳牧與群後。
賢寧無半千，運已遇陽九。
勿勒燕然銘，勿種金城柳。
豈無純孝臣，識此霜露悲。
何必羹捨肉，便可車載脂。
土地非所惜，玉帛如塵泥。

誰當可將命，幣厚辭益卑。
四岳僉曰俞，臣下帝所知。
中朝第一人，春官有昌黎。
身為百夫特，行足萬人師。
嘉祐與建中，為政有臯夔。
匈奴畏王商，吐蕃尊子儀。
夷狄已破膽，將命公所宜。
公拜手稽首，受命白玉墀。
曰臣敢辭難，此亦何等時！
家人安足謀，妻子不必辭。
願奉天地靈，願奉宗廟威。
徑持紫泥詔，直入黃龍城。
單于定稽顙，侍子當來迎。
仁君方恃信，狂生休請纓。
或取犬馬血，與結天日盟。
胡公清德人所難，謀同德協心志安。
脫衣已被漢恩暖，離歌不道易水寒。

皇天久陰后土溼，雨勢未回風勢急。
車聲轔轔馬蕭蕭，壯士懦夫俱感泣。
閭閻嫠婦亦何如，瀝血投書干記室。
夷虜從來性虎狼，不虞預備庸何傷。
衷甲昔時聞楚幕，乘城前日記平涼。
葵丘踐土非荒城，勿輕談士棄儒生。
露布詞成馬猶倚，崤函關出雞未鳴。
巧匠何曾棄樗櫟，芻蕘之言或有益。
不乞隋珠與和璧，只乞鄉關新信息。
靈光雖在應蕭蕭，草中翁仲今何若？
遺氓豈尚種桑麻，殘虜如聞保城郭。
嫠家父祖生齊魯，位下名高人比數。
當時稷下縱談時，猶記人揮汗成雨。
子孫南渡今幾年，飄流遂與流人伍。
欲將血淚寄山河，去灑東山一抔土。

該詩格調深遠，情思深沉，特別是詩句中充滿了關切故國的情懷。這段時間，李清照化悲痛為力量，努力潛心寫作，終於在紹興四年（西元一一三四年）完成了〈金石錄後序〉的寫作，還作了〈打馬賦〉、〈武陵春〉、〈題八詠樓〉等，其中著名詩句「江山留與後人愁」，堪稱千古絕唱。

是的，李煜因為國破家亡之後，還寫出了催人淚下的〈虞美人〉、〈浪淘沙〉等作品。而李清照經歷了國破家亡之後，也同樣寫出了膾炙人口的優秀詞作。

紹興二十五年（西元一一五五年）左右，李清照懷著對死去親人的綿綿思念和對故土難歸的無限失望，在極度孤苦、淒涼中悄然辭世，享壽七十二歲，不過她的文學作品卻永遠閃耀著傲人的光輝，得到了後人的極高評價。明代楊慎的《詞品》卷二讚曰：「宋人中填詞，李易安亦稱冠絕。使在衣冠，當與秦七、黃九爭雄，不獨雄於閨閣也。」當代著名哲學史研究專家容肇祖《中國文學史大綱》贊曰：「李清照是中國文學史上一個最有天才的女子，她的詞在當日很受人崇敬，如辛棄疾有時自稱『效李易安體』，可見她的影響。」

梁紅玉——誰說妓女不能當將軍

在中國古代歷史上，女性當將軍的例子本來就很少，如代父從軍的花木蘭，如大宋楊家的媳婦穆桂英等等，但是像兩宋之交的梁紅玉那樣，從一個妓女變身為將軍的卻只能是唯一。那麼，梁紅玉到底是怎樣實現扭轉人生的呢？其中又遭遇了什麼曲折？請隨筆者一同去縱覽相關歷史，追尋梁紅玉的人生軌跡。

出身卑賤無奈為娼

提到梁紅玉，我們就得談到娼妓。在中國古代歷史上，娼妓是合法的，大致分為官娼和私娼。官娼就是政府公辦的妓院，也就是說是由國家統一管理，有編制，特地為政府官員和軍人服務的官辦「三陪」女郎。「蜀中四大才女」之一的薛濤不正是官辦的營妓嗎？後來她與大詩人元稹有了一段扯不清的情緣，從此占據了言情文學的頭條。

話不多說，我們繼續談一談梁紅玉。她的原籍在池州，在今天安徽省境內。祖父與父親都是當兵的出身，梁紅玉自幼跟著他們練就了一身真功夫。小時候，梁紅玉和家人一起編織蒲包賣錢度日，生活十分艱辛和困苦。後來，他的父親和祖父都相繼去當兵打仗，家裡就留下梁紅玉和母親艱難生活。在宋徽宗宣和二年（西元一一二〇年），睦州居民方臘嘯聚山民起義，很快就發展到了幾十萬人，起義隊伍連陷州郡，政府幾次征討都宣告失敗。梁紅玉的祖父和父親運氣不好，在平定方臘之亂中耽誤作戰的時機，不幸戰敗獲罪被殺，從此梁紅玉家裡失去了生活的支柱，斷了收入來源，日子也更為困頓了。後來，她家的日子實在過不下去，無奈之下，梁紅玉淪落為京口的營妓。當時的營妓即由各州縣政府管理的官妓。由於梁紅玉精通翰墨，又生有神力，能挽強弓，每發必中，對平常少年子弟多白眼相看，毫無娼家氣息，她的特殊風格在營妓圈中小有名氣。許多達官貴人對這位有個性的營妓相當感興趣，便常常高價買她過夜。不知道做「營妓」的梁紅玉，是否在此時賣身，歷史上有過一些爭議。但筆者認為，既然生在風月場所，還能保持一份潔淨的女人實在太少，因此梁紅玉她應該是賣過身的。對筆者觀點算得上佐證的有以下兩種史料。比如南宋學者羅大經所著《鶴林玉露》一書記載：「韓蘄王之夫人，京口娼也。」韓蘄王即韓世忠，京口娼也，即是賣了身了。清乾隆年間的《山陽縣志》也記載「梁流落為京口娼家女」，就明確提出梁紅玉為娼家女了。

另外，有學者對梁紅玉的出身和是否為娼提出了不同觀點。他們認為，梁紅玉本是江蘇人，不然當前江蘇境內怎麼還會有紀念梁紅玉的祠堂呢？另外元人脫脫等編修的《宋史》，在記述梁紅玉事蹟時，並沒有提到她的籍貫和妓女出身，因此他們認為梁紅玉不一定生在安徽，也不一定淪為娼妓。但是，這樣的說法並不嚴謹，沒有提到，並不能說明不是。因此，筆者最終還是認定梁紅玉是做過娼妓的。

風塵女子愛上將軍

和薛濤一樣，身為營妓的梁紅玉也遇到了自己的貴人，這個人就是南宋「武功第一」的韓世忠。韓世忠是陝西省綏德縣人，虎背熊腰，頗有膽量，忠厚耿介，樂於助人，有點類似於《水滸傳》中的「及時雨」宋江，是一個正直而勇敢的英雄人物。當童貫平定方臘之後，注意，平定方臘的可不是宋江一夥「土匪」，而是被稱為大奸臣的童貫。施耐庵為了大力讚美農民起義，才將平定方臘的功勞硬生生地從童貫手中搶去了。這些都是閒話，我們再回到主題。

童貫打了勝仗，浩浩蕩蕩班師回朝，行到京口處時，他們就停下來準備好好享樂一番，於是召來當地有名的營妓跳舞陪酒，徹夜狂歡。當時的頭牌梁紅玉就與諸妓一同到軍營入侍。在宴席上，梁紅玉的命運由此而改變，因為她遇到了人生中的貴人，這個人就是韓世忠，那時他僅僅是一個營長級別的小官，但後來成了大宋「武功第一」的愛國將軍。

宴會上，韓世忠並不是最搶眼的阿兵哥。但是，他的憂鬱和孤傲，感染了多情美麗的梁紅玉。當眾多將領都舉著酒杯，摟著明星娼妓，划拳說黃色笑話之時，韓世忠卻獨自悶悶不樂，眼神中有著一絲憂傷。他的與眾不同引起了梁紅玉的注意。於是，梁紅玉輕輕地走了過去，舉起一杯酒，溫柔地說道：「韓將軍，有何不高興呢？」

韓世忠抬起頭，看到梁紅玉颯爽英姿、不落俗媚的神氣，心裡不禁一震，這個美麗的女子身上有著一種難以言說的氣質。於是，兩人坐了下來，互討歡心，彼此憐惜，英雄美人自此擦出了愛情的火花，不久便成眷屬，墜入愛河。從此，梁紅玉嫁給了韓世忠，並隨著他南征北戰，加入到了抗擊金兵的行列中，一位女將軍也隨之誕生了。

平叛有功助夫升遷

很快，梁紅玉就在一次平叛中顯示出了自己的愛國節操，寧願犧牲小我，也要為國獻身出力，她也因為此次立功，幫助丈夫韓世忠成功升遷。

西元一一二九年，金軍在完顏宗翰的帶領下由彭城（今江蘇省徐州市）入泗州（今安徽省泗縣），直抵楚州（今江蘇省淮安市）。宋高宗倉皇往浙江一帶逃跑，此等外憂引起了嚴重的內患。當時的扈從統制（禁衛軍司令）苗傅和另一大臣劉正彥發動兵變，強逼宋高宗退位，禪位給他年方三歲的兒子，並讓孟太后出來垂簾聽政，準備改年號為「明受元年」。為了使此次政變成功，叛軍一夥襲殺執掌樞密的王淵，還分頭捕殺了高宗的親信。事變發生後，宋高宗的行動受到了限制，失去了自由，宰相朱勝非與隆祐太后又密商，扣押了將軍韓世忠的兒子以及夫人梁紅玉。接著，他們準備派梁紅玉出城，馳往秀州，催促韓世忠火速進兵杭州勤王，並由太后封梁紅玉為安國夫人，封韓世忠為御營平寇左將軍。

安排妥當後，宰相朱勝非就對禁衛軍司令苗傅說：「韓世忠如果聽到我們這邊的消息，還不立即過來，就證明他一定在猶豫。但是，我們若派他的妻子梁紅玉去迎接，就不怕韓世忠不來了。只要韓世忠投奔過來，那麼力量就會大增。到時，此次行動就成功一大半了，至於其他人就沒什麼可擔心的了。」苗傅聽宰相這麼一說，覺得很有道理，心中大喜，認為是一條妙計，便立即派梁紅玉出城。梁紅玉假意應允，暗地裡卻回家抱了兒子，跨上馬背疾馳而去，不到二十四小時就趕到了秀州（今浙江省嘉興市）。接著，梁紅玉將苗傅叛變的訊息告訴了韓世忠，並勸說丈夫一定要以大局為重，不要做歷史的罪人。於是，韓世忠在妻子的建議下，決定與張俊等一同帶兵去平定叛亂。經過艱難的英勇戰鬥，他的部隊終於打敗了苗傅等人率領的叛軍，成功解救了處在控制之中的宋高宗，解除了一場政治危機。

平叛取得了輝煌的勝利，宋高宗喜出望外，親自來到宮門口迎接韓世忠夫婦，並立即授予韓世忠武勝軍節度使，不久又拜為江浙制置使。同時，高宗還盛讚梁紅玉「智略之優，無愧前史，給內中俸以示報正」。給功臣之妻俸祿，這在前朝從未有過，梁紅玉為當時第一人。

金山一役顯露才華

幫助丈夫韓世忠平叛成功，梁紅玉展現出了自己的愛國情操。後來的金山一戰，更是顯露出了她卓越的軍事才華。

西元一一二九年十月，金軍在完顏宗弼的率領下，長驅直入攻進江浙。宋高宗在遭遇了第一次叛亂的驚嚇後，膽量已大不如從前，竟然自己灰頭土臉地逃跑了，早失去了身為一國之君的膽魄和勇氣。高宗先從杭州逃到明州（今浙江省寧波市），再從明州逃到了海上。幸虧金軍沒有一意只追高宗，只是想多搶劫點財物，又加上他們海軍實力不行，才讓高宗保住了小命。

雖然高宗選擇逃跑，但是老百姓堅持英勇鬥爭。為了反擊金軍，江南各地爆發了漢人組成的民間游擊。完顏宗弼不想「淹沒在人民戰爭的汪洋大海裡」，在大肆擄掠之後便決定暫時北返。這時，韓世忠正擔任浙西制置使。在聽說金軍將要北撤的消息後，韓世忠覺得這是一個大好時機，便立即率領水軍八千人前去截擊。此時，韓世忠完全背離了兵法的套路，俗話說「窮寇莫追」，更別說「歸師勿遏」。韓世忠這是去阻截金朝歸鄉的軍隊，很容易激發人家超常的戰鬥力。但是，韓世忠依舊堅持截擊，並向金軍統帥完顏宗弼下了戰書。雙方在約定的日子，在長江上展開了一場激烈的戰鬥。韓世忠的妻子梁紅玉非常勇敢，身先士卒，登上十幾丈高的樓櫓，冒著被流箭射中的風險，在金山之巔的妙高臺「親執桴鼓」指揮作戰。這一戰打得金軍潰不成軍。

金軍遭到了重挫，大出完顏宗弼的預料。無奈之下，完顏宗弼採取和平手段，派遣使者與韓世忠談判，希望宋軍放他們一條生路，並願意歸還所有在江南掠奪的財物，另外還要送韓世忠名馬作為謝禮。韓世忠沒有見好就收，一口回絕了完顏宗弼的請求。

於是，雙方繼續在長江上激戰。金軍不熟悉地理，被宋軍逼入黃天蕩死港。此時本是消滅金軍的最好時機，但韓世忠和梁紅玉的兵力實在太少，又沒有陸軍配合，完顏宗弼趁機鑿通湮塞已久的老鸛河故道三十里，終於成功撤向了建康（今江蘇省南京市）。

之後，韓世忠又繼續緊追金軍，並與之發生了幾次激戰。宋軍大將孫世詢、嚴允還在激戰中犧牲。金軍費了九牛二虎之力才最終突圍而去。此次攔截，韓世忠雖然沒有全殲金軍，但是在策略意義上，他以絕對弱勢兵力阻擊金兵達四十八日，而金兵北去後不敢南顧，已達到了擊退金兵的目標。

金軍敗北後，梁紅玉做出了驚人的舉動，她不但不居功請賞，反而因金兵突破江防，上疏彈劾丈夫韓世忠「失機縱敵」，請朝廷「加罪」。這一義舉使舉國上下人人感佩，傳為美談。朝廷也特地為此再次加封梁紅玉為「楊國夫人」。

英年早逝舉國悲痛

紹興五年（西元一一三六年），韓世忠被任命為武寧安化軍節度使，駐紮在楚州（今江蘇省淮安市）。妻子梁紅玉則繼續跟隨丈夫韓世忠率領將士以淮水為界，舊城之外又築新城，以有效地抗擊金兵。

經歷不斷的戰亂，當時的楚州城已經破敗不堪，荊棘遍野，人民居無定所，軍隊士兵也是缺少糧食，很難吃上一頓飽飯。無奈之下，為了保證軍隊正常運轉，身為將軍的梁紅玉便親自用蘆葦「織蒲為屋」。同時，她還帶領士兵去尋找野菜充飢，當在文通塔下的勺湖岸畔發現馬吃的蒲莖後，梁紅玉親自嘗食，確定沒有任何問題，她就發動軍民採蒲莖充飢，以解決糧食不足的困難。現在，不少淮人喜歡食用「蒲兒菜」，相傳就是因為當年梁紅玉率軍士「採蒲莖充飢」而來。因此，當地的人們也將蒲兒菜稱作「抗金菜」。

雖然條件艱苦，但是韓世忠、梁紅玉並不要求沒有特殊待遇，他們與士卒同勞役，共甘苦，士卒都樂於為大宋效命。經過苦心經營，楚州城終於恢復了生機，又成了一方重鎮。在楚州，韓世忠與梁紅玉一共駐守了十多年，受到了百姓的愛戴，當地經濟也得到了長足發展，特別是「兵僅三萬，而金人不敢犯」，更是為老百姓創造了安定的生活環境。

後來，大奸臣秦檜當權，便力主議和。大宋和金國終於簽訂了紹興和議，雖然是一個恥辱的協議，但從客觀上來說，的確為老百姓創造了一段時間的和平環境。

和議簽訂後，宋高宗開始加固皇權，並立刻著手削奪大將們的兵權，以維護自己的絕對統治。大將軍韓世忠首當其衝，雖然官職越做越大（後被封為咸安郡王），但兵權卻越來越小。韓世忠明白宋高宗是在因循太祖的做法，要做「杯酒釋兵權」了，為了逃避皇帝的迫害，他乾脆主動交出了軍權，閉門謝客，整天飲酒作樂，當一個閒玩的虛職將軍。而梁紅玉則將全部精力放在了教育兒子身上，請了名師在家裡教學，她的兒子韓彥直也很爭氣，後來居然也成了一代名臣。

至於梁紅玉的去世，史料對其進行了詳細記載。據大宋學者李心傳撰《建炎以來繫年要錄》記載：「淮東宣撫使韓世忠妻秦國夫人梁氏卒，詔賜銀帛五百匹兩。」翻譯成白話文就是，韓世忠的妻子秦國夫人梁紅玉去世後，被皇帝賜予了銀五百兩、帛五百匹。《淮陰市志》也記載，梁紅玉和韓世忠鎮守楚州十餘年，後來因岳飛蒙受莫須有之冤，遂辭去軍職歸隱蘇州。並且說梁紅玉卒於西元一一五三年，比韓世忠還晚兩年。

梁紅玉死去後，舉國悲痛，特別是楚州的老百姓更是萬分傷感，他們紛紛燒紙錢祭拜紀念這位傳奇的女將軍。雖然，這位女英雄曾經做過妓女，卻沒有一人再次提起她不堪的過去。就連宋高宗趙構也稱讚梁紅玉：「智略之優，無愧前史。」

女中豪傑永垂後世

梁紅玉的去世，對於宋朝人民是悲傷的，她不僅得到了時人的懷念，也受到了後世的尊崇。宋孝宗主政時，就下令豎碑建祠以紀念梁紅玉。江蘇省蘇州市滄浪區棗市街小學即原蘄王祠，供韓、梁兩尊塑像，壁上有「春祭韓王誕正月二十日，秋祭梁夫人誕九月初六日」之字。

梁紅玉家鄉（今安徽省）的父老鄉親也沒有忘記這位女將軍，為了紀念這位流芳千古的女中豪傑，他們在其出生地建祠塑像。梁紅玉祠原祠附設在安徽省淮安縣境內的北辰坊火神廟內，明清時多次進行修建。一九五九年，淮安縣人民政府在原址重新建祠，「文化大革命」中被拆除，一九八二年又重新建祠。新建的梁紅玉祠東西長十九點五六公尺，南北寬三十點五三公尺，占地面積五百九十七點一七平方公尺，庭院四面有圍牆，大門朝南，門頭上為中國已故著名女書法家蕭嫻所書「梁紅玉祠」四個大字。庭院中遍植松柏花木。在庭院北側為京殿三間，東西長十點五公尺，南北寬七公尺，建築面積七十三點五平方公尺，整個建築仿明代建築，古色古香。殿中神臺上置有高一點七公尺的梁紅玉戎裝佩劍塑像。塑像兩側為當代書法家楊修品所書「也是紅妝翠袖，然而青史丹心」的對聯。

除了建立祠堂紀念之外，許多文學作品也對梁紅玉進行了書寫和盛讚。《楊國夫人傳》中就這樣評價梁紅玉：「若楊國者，女中丈夫也。靖康、建炎之際，天下安危之機也。天賜忠武，楊國是天以資宋之興復也。然功敗垂成，惜哉！」〈英烈夫人祠記〉也對其做出了更高的評價：「娼優異數也。以卑賤待罪之軀，而得慧眼識人之明。更縱橫天下，爭鋒江淮，收豪傑，攬英雄，內平叛逆，外御強仇，挽狂瀾於既倒，扶大廈於將傾，古今女子，唯此一人也。惜乎天不假年，死於非命。然青史斑斑，名節永垂。」大意就是：梁紅玉雖然當過娼妓，但是她是奇女子也。雖然是卑賤的身軀，卻有高超的智慧，在認識了大英雄韓世忠後，就縱橫天下，爭鋒江淮，收豪傑，攬英雄，在平叛中功勛卓著，在抗金戰爭中力挽狂瀾，為大宋立下了汗馬功勞，不愧為古今奇女子，天下僅此一人也。只可惜，上天卻不保佑她，讓其不幸早逝。但是這並不影響她的青史有名，永垂後世。

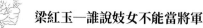

元

對於元朝這個朝代，我向來是不喜歡的。一是元朝帝王的窮兵黷武。元帝在整個統治階段都樂於發動戰爭，從亞洲打到歐洲，從北方打到南方，戰火席捲了全中國，人民飽受戰亂之苦，生活在水深火熱之中。二是這樣的生活狀態，以及元朝對漢族知識分子的貶抑使得人民的精神生活被壓抑。文人沒有自由，更談不上優質的生活，文化也就不像唐宋那樣繁榮。但是，元朝依舊誕生一些傳奇女子，有的以姐妹組合的形式笑傲文壇。於是，筆者仔細翻閱了資料，選取了五位比較典型的女才子，集中於一篇文章中，她們分別是曹妙清、孫淑、鄭允端以及薛蘭英兩姐妹。

曹妙清——詩名遠播杭州城

提到曹妙清，歷史上關於她的記載很少，幾乎無法找到詳細的紀錄。她到底出生於哪一年，死於哪一年，也一直是一個謎。唯一可以肯定的是，她字比玉，自號雪齋，出生於錢塘（今浙江省杭州市）南山蘇堤第一橋旁。曹妙清不是什麼「富家女」，也不是什麼「官二代」，而是一個普普通通的名媛，也就是營妓，這和梁紅玉、薛濤、薛蘭英、薛慧英等相似。身處風月場所，就得懂得吹拉彈唱，古代對妓女要求比較高。每逢月明星稀之夜，曹妙清常常吹簫或鼓琴自娛，以抒愁情。另外，曹妙清還會寫書法，她的書法在當時很有名氣，其行、草皆有法度，造詣頗深。

雖然人在八大行業，但曹妙清很注重品德修養，對自己的母親很孝順，從風月場所賺到的錢，她都如數交給母親保管。到了三十歲，她也不願意嫁出去。筆者認為，曹妙清之所以嫁不出去，可能是因為營妓的身分。雖然沒有新郎，但曹妙清當時不缺紅顏知己，比如元朝著名的作家楊維楨就與她關係很好，兩人常常飲酒對詩，以文會友。

其實，曹妙清年輕時有過美好的愛情生活，但後來她的情人可能嫌棄她的營妓身分，悄悄離去，從此杳無音信。曹妙清受了刺激，便決定孤守閨閣，至死未嫁，十分寂寞。

雖然沒有經歷婚姻，愛情不夠完美，但曹妙清擁有不朽的文學，她的詩詞作品流傳到後世，受到文人雅士交相稱讚。大作家楊維楨就對她的詩才十分推崇，將其比擬為唐代女詩人薛濤，贊其曰：「紅牙管帶紫貍毫，雪水初融玉帶袍。寫得薛濤萱草貼，西湖紙價頓能高。」

曹妙清孤苦一生，辛辛苦苦寫成了《絃歌集》，好友楊維楨為她作序，但後來這本詩集不幸遺失，未能傳於後世。現在，我們能找到關於曹妙清的詩歌並不多，其中〈西湖竹枝〉一詩，筆者倒是十分喜歡，各位讀者可以欣賞閱讀：「美人絕似董嬌饒，家住南山第一橋。不肯隨人過湖去，月明夜夜自吹簫。」

薛蘭英姐妹——「女追男」隔層紗

畫樓上飛出才華橫溢的富家女

在古代社會，若看到有某一位女孩，在眾目睽睽之下向男方求婚，人們會覺得很驚恐，「女追男」似乎成為他們不可接受的一道風景。然而，在元朝就出現過類似的案例，並且有過之而無不及，人家女孩不僅長得漂亮，是典型的「富家女」，還很有才華，更令人驚奇的是，非「一女追男」，而是「二女同追男」，追的也不是「官二代」、富豪，而是有一點文化的窮書生。可喜的是，這個書生答應了倆女孩的追求，最終他們走進了婚姻的殿堂，成就了一段愛情佳話。

那麼，這兩個倒追男的女主角是誰呢？她們不是別人，正是元朝著名的詩人薛蘭英、薛蕙英兩姐妹。她們的運氣很好，沒有出生在窮人家庭，而是投胎給一個富商當了女兒。薛蘭英姐妹的父親是江南名城蘇州賣米的老闆，由於經營得道，很快就成了蘇州的超級富豪。人有錢了，就想擺架子，於是薛老闆也附庸風雅，想作些和知識修養沾邊的事，顯得自己也很有素養。不過，這也值得理解，一般人在物質條件達到一定水準後，都想有一些精神層面的追求。薛老闆用錢買知識修養只是一種再普遍不過的心態。

當時，薛老闆為了躋身知識分子家庭，便努力培養自己的兩個女兒，出了高價請最好的老師教她們琴棋詩畫，希望讓她們擺脫小家子氣，成為像書香門第家庭出身的小姐一樣具備高貴的氣質。這樣，薛老闆才覺得自己很有面子。為了讓女兒專心讀書，薛老闆特地在自己的豪宅後蓋了一座畫樓，還花重金邀請了善畫水墨花卉的承天寺僧在粉壁上繪上巨幅的蘭蕙，並取名為「蘭蕙聯芳樓」。兩個小女孩就像養在閨中的嬌豔鮮花，盡情地盛放，常常吟詩作畫，過著幸福而快樂的生活。

在小樓中，薛蘭英姐妹創作了許多詩詞，共計百餘首，薛老闆還出錢為其刊印了集子，並題名為《聯芳集》。薛蘭英姐妹的詩集刊印後，全城轟動，就連當時最著名的文學家楊維楨也十分嘆服，並主動結交，可想兩女子當時的影響力。

兩姐妹大膽追求心上人

兩姐妹的名聲廣為傳播，上她們家提親的人絡繹不絕，幾乎讓薛老闆挑花了眼，但兩姐妹一個也沒看上，這可急壞了薛老闆。兩個女兒長得漂亮，又有才華，總不能就這麼一直單身下去吧，總得盡快嫁出去才好，最好嫁一個權貴人家。

不過薛老闆的期望很快就被打破。某年春天，兩姐妹正在小樓上欣賞岸邊盛開的桃花，以及如絲條般柔順的柳條，心情特別舒暢，她們希望自己能捧住陽光，留住美麗的春天。

這時，剛好有一艘小船從小樓下經過，船上站著一個俊朗的書生，相貌白皙，身材偉岸，特別是那一雙憂鬱的大眼睛，真讓人著迷。

這書生是什麼人呢，為何如此令薛蘭英姐妹著迷呢？原來，他姓鄭，家住崑山，做一些小本買賣，此次來蘇州是找薛老闆進購點稻米回去銷售。然而，稻米還沒進購，就被老闆家的兩位千金看上了，這不是天上掉下餡餅，讓他措手不及嗎？

兩個女孩對姓鄭的帥哥一見鍾情後，也顧不上封建禮教約束，立即主動出擊。她們的手法其實很老套，就是大聲向鄭生打招呼，並挑逗性地往樓下投荔枝。到了晚上，鄭生又從樓下經過，於是她們兩姐妹就用鞦韆索套著竹兜，把鄭生勾引到了繡樓，三人吟詩喝酒，談得十分盡興，酒足飯飽，當晚就一同進了閨房。

這件事很快就被薛老闆知道了，當他發現自己女兒和鄭生的畸形戀愛，見生米已經煮成熟飯，薛老闆也是無可奈何，索性打包把兩個女兒買一送一全嫁給了鄭生做媳婦。當年，鄭生才二十二歲，薛蘭英二十歲，薛蕙英十八歲，從此三人過上了幸福的生活。

但是，出嫁之後，兩個女孩就再也沒有寫過新的詩作，或許是因為太幸福從此停筆了，也或許由於生活太過平淡，她們淪為了俗人庸人，也寫不出什麼作品來了。

關於兩姐妹倒追鄭生的故事，明朝有個叫瞿佑的作家特地寫了部短篇小說集《剪燈新話》，其中有一篇〈聯房樓記〉就根據薛蘭英、薛蕙英姐妹共事一夫的傳聞編寫的。這本書寫得很黃，可能當時瞿佑經濟條件不太好，為了多賺點稿費，便在其中加入了不少男女之間的性愛情節，後來這本書在明代被列為禁書。

愛情終歸土，詩詞代代傳

至於後來，薛蘭英兩姐妹的生活到底怎樣，史料和文學作品均沒有再介紹了，但她們年輕時所寫的文學作品，卻依舊流傳到了現在，其中最著名的莫過於那首最著名的〈蘇臺竹枝詞〉。寫這首詞時，兩姐妹還是十三四歲的少女。她們當時一切都不放在眼裡，這有點類似於年輕時的杜甫，年少輕狂的他認為才華天下第一，連司馬相如也不是對手。因此，薛蘭英兩姐妹狂妄地喊出：「西湖有竹枝曲，東吳無竹枝曲乎？」這句話的意思就是，西湖有竹枝曲，難道我們東吳人就寫不出來嗎？於是，兩姐妹便親自操刀，共同寫出了赫赫有名的〈蘇臺竹枝詞〉十章，這組詩也成為女性竹枝詞的開山之作，內容如下：

姑蘇臺上月團團，姑蘇臺下水潺潺。
月落西邊有時出，水流東去幾時還？
館娃宮中麋鹿遊，西施去泛五湖舟。
香魂玉骨歸何處，不及真娘葬虎丘。
虎丘山上塔層層，靜夜分明見佛燈。

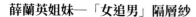

約伴燒香寺中去，自將釵釧施山僧。
門泊東吳萬里船，烏啼月落水如煙。
寒山寺裡鐘聲早，漁火紅楓惱客眠。
洞庭餘柑三寸黃，笠澤銀魚一尺長。
東南佳味人知少，玉食無由進尚方。
荻芽抽筍楝花開，不見河豚石首來。
早起腥風滿城市，郎從海口販鮮回。
楊柳青青楊柳黃，青黃變色過年光。
妾似柳絲易憔悴，郎如柳絮太顛狂。
翡翠雙飛不待呼，鴛鴦並宿幾曾孤。
生憎寶帶橋頭水，半入吳江半太湖。
一緺鳳髻綠如雲，八字牙梳白似銀。
斜倚朱門翹首立，往來多少斷腸人？
百尺高樓倚碧天，欄杆曲曲畫屏連。
儂家自有蘇臺曲，不去西湖唱採蓮。

看到上面薛蘭英姐妹寫的竹枝詞後，各位讀者有什麼感想呢？筆者認為，該詩語言流暢，情感充沛，意境深遠，將人性中最美好的男女之情寫得淋漓盡致，屬於上乘之作。雖然，仔細思索，其中個別詩句顯得有些稚嫩，但總體上是清麗純情，令人回味的。當時，這首詞寫完之後，著名的文學家楊維楨對此擊掌叫好，並在她們的詩後面手題兩詩：

錦江只見薛濤箋，吳郡今傳蘭惠篇。
文采風流知有日，連珠合璧照華筵。
難弟難兄並有名，英英端不讓瓊瓊。
好將筆底春風句，譜作瑤箏弦上聲。

除了這首〈蘇臺竹枝詞〉，兩姐妹還寫了另外的詩作，其中姐姐薛蘭英寫了一首詩：「玉砌雕欄花兩枝，相逢恰是未開時。嬌姿未慣風和雨，吩咐東君好護持。」妹妹薛惠英也不示弱，隨後也和詩一首：「寶篆香煙燭影低，枕屏搖動鎮帷垂。風流好似魚游水，才過東來又向西。」

不過，代表薛蘭英姐妹文學成就的還是她們共同寫的《聯芳集》，可惜由於年代久遠，不幸丟失，現已無法找到，目前只有〈蘇臺竹枝詞〉流傳於世，但這並不影響她們兩人的文學地位和成就，《玉鏡陽秋》就高度評價：「二女〈蘇臺〉十章，字字竹枝，妙鏡鼎足曹、張間，了自不讓。」能得到這樣的評語，我想，對於薛蘭英姐妹來說已經足夠了。

孫淑——武夫治國的朝代，最有文化的女人

講到孫淑，首先就得提到元代著名的作曲家孫周卿。小令〈沉醉東風〉和〈蟾宮曲〉就是其代表作。孫淑是孫周卿的女兒，字蕙蘭，生卒年已無法查到，大概出生在成宗大德八年（西元一三〇四年）左右，卒於泰定五年（西元一三二八年），可惜只活了二十餘歲，就去世了。

孫蕙蘭的父親是著名的作曲家，可見其遺傳了優秀的文藝基因，所以她從小「高朗秀慧」，極有天賦。由於從小母親就去世了，孫蕙蘭主要是由父親帶大，孫周卿還親自教她讀《孝經》、《論語》、《女誡》等書籍。孫蕙蘭對詩歌特別感興趣，從小就學著吟詩作詞，寫的作品在當時傳播很廣，名聲很大，屬於遠近聞名的小才女。

二十三歲時，孫蕙蘭遇到了自己的丈夫傅若金，並嫁給傅為妻。可惜，她身體不好，常常生病，一直也沒有好轉。心情沮喪的孫蕙蘭，每天便哀傷悲秋，常有「紅顏薄命」的傷感，唯有寫詩來安慰自己。其中包括最有名的兩首詩，其一〈窗前柳〉：「窗裡人初起，窗前柳正嬌。捲簾沖落絮，開鏡見垂條。坐對分金線，行防拂翠翹。流鶯空巧語，倦聽不須調。」〈望岳〉：「萬壑千峰次第開，祝融最上氣崔嵬。九江水盡荊揚去，百粵山連翼軫來。入樹恐侵玄帝宅，牽蘿思上赤靈臺。明年更擬尋春興，應及瀟湘雁北回。」

孫蕙蘭雖然不斷寫詩，卻常毀棄自己的詩稿。或許是因為心情太過憂鬱的緣故，她變得喜怒無常。家裡的僕人常勸她看開些，孫蕙蘭卻說：「偶適情耳，女子當治織紝組，以致其孝敬，辭翰非所事也。」大概意思就是，女子應該在閒暇時織布紡衣，孝敬長輩老人，做文章是不務正業。

可見孫蕙蘭的心情是十分糟糕的，這也嚴重影響了她的身體健康。或許，真應了「紅顏薄命」那句古話，孫蕙蘭與傅若金結婚不到五個月，就因病而卒。傅若金在〈殯志〉中作了證明：「蕙蘭年二十三，於我歸湘中，五月而卒。」孫蕙蘭死後，她的丈夫傅若金將其詩作十八首編集成帙，序而藏之，題曰《綠窗遺稿》，因而後人有「《綠窗》遺集，端賴賢夫」為證。

蕙蘭的詩作雖很少，卻很精緻，流傳也很廣。正如其丈夫傅若金盛讚的那樣：「語皆閒雅可誦。」學術著作《玉鏡陽秋》也評論她的詩：「淑詩學字，是女郎語，冉弱靜好，每一諷詠，想見妝鉛點黛時氣韻。」可見，孫蕙蘭的作品具備一定的水準和影響力，在元朝女詩人中占據著重要的地位。可以這麼說，在元朝這個武夫治國的朝代，孫蕙蘭是最有文化的女才子之一。

鄭允端——字畫堪比黃金價

在某個網站首頁，有一則關於鄭允端題圖詩的消息，稱某收藏者持有元代鄭允端題圖詩一幅，絹本，高一百六十五公分，寬五十公分，此物經專業公司鑑定，疑為孤本，但屬真跡。絹書上有：「慈母三遷抑已勤，滿頭白髮亂如雲。機絲一段吾兒續，織的經天緯地文。」落款下有玉園女史印鑑，貞字正淑印鑑。該絹畫售價為五千萬元。看到這，不禁引起了筆者的興趣，這幅畫為何如此珍貴，何以敢要五千萬的高價？這個鄭允端究竟是誰？其人生又是什麼樣子？帶著疑問，筆者便去了解了這位元朝著名的女詩人。

鄭允端，元朝著名女詩人，字正淑，平江人，生於西元一三二七年，死於一三五六年，年三十歲。這個鄭允端不像薛濤和梁紅玉那樣出身於寒門，而是從小生長在書香門第。她的父親鄭氏曾富雄一郡，有半州之目，人稱「花橋鄭家」。

鄭允端由於家庭環境好，從小受到了良好的教育，對詩詞很有研究，年輕時就寫了不少優秀詞作。後來，她嫁給了同郡的大戶施伯仁，丈夫也是儒雅之士，夫妻兩人相敬如賓，暇則吟詩自遣，然題涉甚廣，不止於寫閨情。

本以為，兩人能幸福地生活一輩子，哪知道很快就遇到了戰亂。至正十六年（西元一三五六年），農民領袖張士誠打到了平江縣，黎民百姓苦不堪言，施家也被官兵所破，家裡被洗劫一空，頓時一貧如洗，鄭允端在這種困難環境下，生了重病，不久就悒悒而卒。鄭允端可能是餓死的，也可能是得瘟疫死的，總之她很不幸，一個才華橫溢的女子，遇到不幸的戰爭，最後不幸早逝。宗族之士對鄭允端十分尊敬，大家稱她為「女中之賢智者」。

雖然，鄭允端沒有長命，但是她的文學作品永遠閃耀著光輝，其中的文學批評和文學創作實踐成果皆十分可觀，後來其夫施伯仁為她編的文集《肅庸集》由於歷經顛簸，散失了一半多，到目前僅留下百餘首詩。筆者為大家選取了幾首，以饗讀者。

〈**贊豆腐**〉

種豆南山下，霜風老莢鮮。磨礱流玉乳，蒸煮結清泉。
色比土酥淨，香逾石髓堅。味之有餘美，五食勿與傳。

〈**聽琴**〉

夜深眾籟寂，天空缺月明。幽人濾槁梧，逸響發清聲。
一韻再三彈，中含太古情。坐深聽未久，山水有餘清。
子期既物化，賞心誰與並。感慨意不已，天地空崢嶸。

〈山水障歌〉

我有一匹好東絹，畫出江南無數山。筆法豈下李營丘？直疑遠過楊契丹。
良工好手不可遇，此畫森然能布置。層巒疊嶂擁復開，怪石長松儼相對。
板橋茅屋林之隈，瀑流激石聲如雷。恍然坐我匡廬下，便覺胸次無凡埃。
此身已向闤中老，自恨無緣致幽討。布襪青鞋負此生，長對畫圖空懊惱。

明

秦良玉——抗清史上最絢麗的女名將

花木蘭的傳奇在中國幾乎是家喻戶曉，但它僅僅是文學作品中大肆渲染的故事，並非真有其人實有其事。不過，在明末清初巴蜀大地上，有一位名叫秦良玉的女將軍卻是「花木蘭」的真實版，她「代夫從軍」，北上抗金，立下汗馬功勞，在中國軍事史上寫下了濃墨重彩的一筆，大詩人郭沫若專為其撰文作詩歌頌她的卓越戰功，使其名揚天下，流傳後世。

文韜武略有大志

那麼，這位秦良玉到底是何許人物，經歷了怎樣的人生傳奇呢？很榮幸，筆者翻閱了相關史料，發現秦良玉竟和自己是同鄉，都是四川人。史料記載，秦良玉，字貞素，明萬曆二年（西元一五七四年）出生於四川忠州（現重慶市忠縣）西樂天鎮郊的鳴玉溪畔。雖然，現在忠縣劃歸到了重慶，但並不影響巴蜀二字的共同體。

閒話少說，再繼續聊秦良玉。她的故鄉，據說山環水繞，地勢雄奇，風光俊秀，秦家世世代代居住在這個美麗的地方，日子過得幸福而甜蜜。秦良玉的父親名叫秦葵，從小飽讀詩書，考取了貢生，在當地是一方名士，享有很高的社會地位，縣上的官員對他相當尊重。的確，在明清時期，只要讀書人考取秀才及以上的功名後，基本都會成為當地重要的知識分子，受到官員乃至富商的尊重。由於父親是知識分子，又懂武術，便特別注重對秦良玉的培養，「丁亂世，喜談兵」，秦葵花錢請老師教授女兒學習文韜武略，勉勵她長大後要「執干戈，以衛社稷」。秦葵對秦良玉很是鍾愛，認為她雖然是女孩子，但聰慧伶俐，應該學會知識和武術。以後雖不能執掌朝政，但至少可以習兵自衛，以免在兵火戰亂中「徒為寇魚肉」。

秦良玉深知父親的良苦用心，自小學習就特別認真努力，除了課章句、學經史外，她還與父親一起習武。透過長時間的刻苦，秦良玉不僅騎射擊刺過人，而且熟讀兵史，精於謀略，顯露出了非凡的文化和軍事才能。看到女兒如此優秀，秦葵逢人便誇獎道：「惜不冠耳，汝兄弟皆不及也。」秦良玉聽到父親的表揚並不驕傲，暗暗立下遠大志向，並豪邁地回答：「使兒掌兵柄，夫人城、娘子軍不足道也。」

秀外慧中嫁良夫

由於從小接受了良好的家庭教育，秦良玉不僅教育程度高，能寫詩填詞，武功也相當不錯，在當地名聲遠播，屬於秀外慧中的好女子。

正因為自身優秀，到了結婚年齡，秦良玉也沒有看上心愛的如意郎君，因為她的擇偶眼光非常高，一般人還真的看不上。

當時，忠州有一個「官二代」名叫曹皋，非常飛揚跋扈，看到秦良玉貌美如花，又十分高挑，簡直像極了當前的超級模特，便想娶進家門做妻子。於是，曹皋請了不少媒人到秦良玉家裡說親，但是都被秦良玉斷然拒絕。軟的不行，曹皋就來硬的和陰的，竟想出了一條毒計加害於她。當時，曹皋借助家裡的權勢，買通相關部門，謊稱秦良玉支持抗稅鬥爭，遂將其打入大牢，準備判刑。後來，秦葵透過家裡的關係，花了高價進行疏通，才將秦良玉救了出來。曹皋雖然這麼狂妄，但秦良玉依舊沒有屈服，仍然未答應曹皋的求婚要求。

為了刺激曹皋，也為了解決自己的終身大事，出獄後，秦良玉就在家中辦了一次盛大的比武招親大會。曹皋沒有辦法，也組成隊伍前來應徵，希望自己能取得成功。然而，哪裡知道，民間高手如雲，他根本不是別人的對手，所請的打手也沒混過幾關就敗下陣來。這次招親中，有一個男人引起了秦良玉的注意，此人不僅武功高強，而且舉止優雅，很有修養，這個人就是土司馬千乘。這個馬千乘並不是苗人，祖籍在陝西撫風，因祖上建立了戰功，被封為石砫宣撫使，相當於地方行政軍事長官，官職世代沿襲，最後傳到了馬千乘身上。

馬千乘經過艱辛戰鬥，最後贏得了總冠軍，也獲得了秦良玉的芳心。馬秦兩家於是迅速聯姻，曹皋無奈竹籃打水一場空，成了最大的輸家。

結婚之後，秦良玉到了夫君家居住，由於石砫地處偏遠，民風剽悍，時有叛亂興起。擔任宣撫使的馬千乘最重要的責任就是訓練兵馬，維護社會安定，保護百姓安全。秦良玉這時有了用武之地，本來武功高強的她，最開始只做防身之用，現在正好可以協助丈夫精心練兵，報效祖國。馬千乘看到自己妻子武功如此了得，也並不反對她參與軍事，「整蒞軍伍，莫不股栗」，十分愛慕敬重她，夫妻兩人相敬如賓，就邊防治軍、用兵方面的事宜常常商議解決。

除了練兵，秦良玉還是一位出色的「武器專家」。她和丈夫的手下有一支數千人的精銳部隊，士兵使用白木削成「矛端有鉤，矛末有環」的一種獨特長矛，號稱「白桿兵」。軍隊在秦良玉的訓練下，機動靈活，驍勇善戰。《明史．秦良玉傳》稱：「馭下嚴峻，每行軍發令，戎伍肅然，為遠近憚。」大概意思就是，秦良玉訓練的「白桿兵」紀律嚴謹，在行軍發令時，隊伍戎裝肅然，為遠近的敵軍所忌憚。

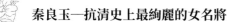

隨夫出征顯神威

萬曆二十七年（西元一五九九年），播州（今貴州省遵義市）宣慰使楊應龍，是一個典型的貪官，不僅割據地方魚肉鄉里，還拒絕接受朝廷安排，陰謀煽動叛亂。遵義這個地方，地理位置十分重要。這個地方有一個優勢，就是地勢險峻，山高水險，可以作為防守的天然屏障。楊應龍不僅沒有好好利用這個地勢險要的地方抗擊倭寇，為國家出力，反而集結烏合之眾猖獗一時，發動叛亂對抗明朝政府。在這種嚴峻形勢下，明朝政府於一六〇〇年二月集結重兵，兵分八路前去圍剿楊應龍叛軍。

秦良玉隨丈夫馬千乘率五百精兵前去支援政府軍，與叛軍展開了激戰，由於「白桿兵」特殊的裝備和長期嚴格的山地訓練，在播州的戰爭中得心應手，給予了叛軍出其不意的打擊，他們宛如神兵從天而降，有力地打擊了叛軍的囂張氣焰。

叛軍首領楊應龍見未能打垮政府軍的猛烈攻擊，便改變了作戰方式，準備死守播州城。他調集所有兵力，設下五道關卡，分別是鄧坎、桑木、烏江、河渡和婁山關，每道關卡都有精兵防守，想以此作護身符。當時攻打鄧坎一戰，是由秦良玉率領五百「白桿兵」為主力，去攻打叛軍的五千精兵。面對十倍於己的敵軍，秦良玉並沒有畏懼，她親自騎一匹桃花馬，握一桿長矛，威風凜凜地殺入敵陣，左挑右砍，東突西衝，如秋風掃落葉一般，殺死叛軍數十人。這有一點像當年項羽在打仗中的英勇表現，取敵軍將領首級如入無人之境。不過，秦良玉有這個實力，因為據有人考證，她身高一百八十六公分，穿上軍裝特別威武。當年項羽也不過一百八十公分而已。

在敵軍中，秦良玉愈戰愈勇，她的士兵得到了鼓舞，紛紛拚死殺敵。秦良玉則在一頓猛殺之後，忽地縱馬騰躍，將敵軍將領楊朝棟抓在了自己馬背上，右手揮舞著長矛，左手牢牢制住敵將。俗話說，擒賊先擒王，帶頭的人都被抓住了，再打下去也沒什麼意思。叛軍頓時慌了手腳，也無心戀戰，傷的傷，逃的逃，五千人馬頓時潰散無遺。

攻下鄧坎後，秦良玉又率軍攻打婁山關。由於道路狹窄，部隊無法通過大批兵馬，秦良玉想出了一個巧取方案。秦良玉和丈夫選取了一天凌晨，他們雙雙騎著戰馬並馳，用長矛與敵軍進行拚殺，兩人並肩血戰，而敵兵見政府軍的首領被自己包圍，便蜂擁而上準備活捉秦良玉。哪裡知道，他們徹底失算了，正當叛軍越聚越多時，幾千「白桿軍」突然從關口兩側包圍過來，迅速殺進敵軍，叛軍根本沒有想到還會「從天而降」那麼多援軍，頓時亂了手腳，大多落荒而逃。

很快，秦良玉就率領部隊攻下了婁山關，與此同時，其他政府軍也攻克了其他關口，這時的叛軍只得垂死掙扎，大勢已去了。政府軍於是一鼓作氣，不費吹灰之力就攻克了叛軍據點播州城。楊應龍的家屬無奈自焚而死，至此叛亂也徹底被平息下來。

論功行賞時，馬千乘夫婦率領的「白桿兵」戰功卓著，被朝廷列為「川南路第一有功之軍」。秦良玉初次參加戰鬥，就顯示出卓越的軍事才華，為大明朝廷立下汗馬功勞，除受到重獎外，「女將軍」的英名也由此遠播四方。

請纓帶兵戰後金

萬曆四十一年（西元一六一三年），秦良玉的丈夫馬千乘不幸被太監邱乘雲誣陷，後冤死在雲陽（今重慶市雲陽縣）獄中。丈夫的死令秦良玉十分悲傷，她心裡的苦不知道對誰訴說，很長一段時間內，她都很消沉。但是，家庭的苦難並沒有影響秦良玉愛國的節操，在國家需要她時，她立即站了出來，並參與保家衛國的戰鬥之中。

由於女將秦良玉立有戰功，在馬千乘死後，她襲職代領了石砫宣撫使。這時，正值滿洲崛起於東北，對明朝廷構成嚴重威脅之際。大明萬曆四十七年（西元一六一九年），明朝軍隊在薩爾滸慘敗於努爾哈赤的後金軍隊，「一聞警報，心驚膽喪」，遼東官兵「裝死苟活，不肯出戰」。朝廷無奈，便急調永順、保靖、石砫、酉陽等土司兵赴遼救援。秦良玉奉旨率兵數千奔赴前線，參與了抗擊後金的戰鬥。

《明實錄．熹宗天啟實錄》記載，明天啟元年（西元一六二一年），清軍攻占了關外的瀋陽，聲勢非常強勁，揚言要打到北京城去。這時，秦良玉便派遣其大哥邦屏和弟弟民屏為先鋒，強渡渾河與清兵激戰，可惜寡不敵眾，邦屏戰死疆場，民屏身陷重圍。秦良玉聞訊後，立即率領自己的「白桿兵」，強渡渾河殺入重圍，拚死救出弟弟，搶回了哥哥的屍體。首次戰鬥，秦良玉犧牲了哥哥，心情十分沉重。雖然，在艱苦的條件下，他們還殺敵數千，重創清兵，但這是一場代價慘重的血戰。

親人的戰死令秦良玉十分悲傷，又更為憤怒，她上書大明皇帝，表示將要拚死打敗清軍，為國效力。明熹宗朱由校知道情況後，大為感動，立即下詔賜予秦良玉二品官服，並封為「誥命夫人」，任命其子馬祥麟為指揮吏，追封其哥哥秦邦屏為都督僉事，授其弟弟秦民屏為都司僉事之職，還重賞了「白桿兵」眾將士。

得到皇帝的嘉獎，秦良玉更為賣力，她立即遣使到京城，趕製一千五百件冬衣撫卹士卒，整頓餘部，隨後親率三千精兵直赴榆關（山海關），命部下加固防守，使後金兵無法攻破。秦良玉在榆關坐鎮時，不僅加強武備，戮力守衛，有效地遏制了後金兵南下的氣焰，還大力救濟關內外飢民，撫慰民心，創造了較為安定的環境。在秦良玉的主持下，榆關防務固若金湯，成為後金兵無法踰越的屏障。

中途，秦良玉回到四川擴兵援遼，期間平定了成都、重慶、貴州叛亂，並為朝廷重新收復了三地。

後來，也就是崇禎二年（一六二九年），清兵又繞道喜峰口，攻陷遵化，直抵北京城下，形勢極為險峻。崇禎皇帝匆忙下詔徵調天下兵馬勤王。秦良玉聞訊後，立即「出家財濟餉」，兩次率「白桿兵」兼程北上。當時各地先後趕來的十餘萬官軍，互相觀望，畏縮不前，只有秦良玉所率「白桿兵」最先奮勇出擊，與後金兵在京師外圍相遇，雙方全面激戰。年已五十五歲的秦良玉，率領士兵，手舞白桿長矛，以一當十，威猛如虎，打得後金兵落荒而逃。很快，秦良玉順利收復了灤州、永平、遵化等四城，解救了京城之圍。

史料《燕都勝蹟．北平南城》記載，秦良玉立了如此大功，崇禎皇帝十分高興，破格在平臺親自召見，並賜她一品服、彩幣、羊酒，並賦詩四首褒獎。這四首詩的內容如下：

其一：學就西川八陣圖，鴛鴦袖裡握兵符。古來巾幗甘心受，何必將軍是丈夫。

其二：蜀錦征袍手剪成，桃花馬上請長纓。世上多少奇男子，誰肯沙場萬里行？

其三：胡虜飢餐誓不辭，飲將鮮血帶胭脂。凱歌馬上清吟曲，不是昭君出塞時。

其四：憑將箕帚掃胡虜，一派歡聲動地呼。試看他年麟閣上，丹青先畫美人圖。

皇帝親自寫了四首詩表揚一位女將領，這是盤古開天以來極少有的事。秦良玉一介女流，居然能享受如此崇高的榮譽，的確十分難得。不過，她所建立的功勛也應該值得這樣嘉獎。因為在後金軍兵臨城下之時，眾多鬚眉大將貪生怕死，推諉觀望，只有秦良玉力挽狂瀾，這有點類似於《三國演義》中的一個情節。東漢末年，袁紹率領的聯盟大軍已逼近都城，沒有哪一支軍隊率先攻打，最後曹操看不下去，便隻身一人帶著寶刀去刺殺董卓，其英雄氣魄令人佩服。因此，秦良玉的壯舉令崇禎皇帝感慨萬端，他視秦良玉為救駕功臣，表示要「試看他年麟閣上，丹青先畫美人圖」。

與農民軍的紛爭與聯合

解了京城之危後，秦良玉從京師調回了四川，並被安排「專辦蜀賊」。

先前，秦良玉抵抗外寇，打敗後金正規軍，此次回四川，秦良玉則開始攻打賊匪。她要搞定的賊匪是誰呢？就是大名鼎鼎的張獻忠。這個老張可不得了，做了不少壞事，不僅殺掉了不少四川的本土居民，還欺騙了大批知識分子去參加科舉，最後將他們通通砍掉了腦袋。

明崇禎七年（西元一六三四年），張獻忠攻夔州——夔州為四川門戶。夔州距石砫僅三日路程，保夔州即保石砫。秦良玉是朝廷命官，守土有責，石砫是她安身立命之所。因此，年過花甲的秦良玉再次披掛上陣，風采不減當年，迫使張獻忠退回湖廣。

明崇禎十三年（西元一六四〇年），羅汝才屯駐湖廣，謀進四川。五月，轉克巫山，入瞿峽，直抵夔州。秦良玉再次前往阻擊，先後在馬家寨、留馬埡、仙寺嶺與羅汝才激戰。同年九月，張獻忠、羅汝才聯手入川，在竹菌坪（今重慶市奉節縣城北）射殺了號稱「神弩手」的張令。當時秦良玉與張令兩方能彼此呼應，共同夾擊敵人，但因「趨救不及，轉戰覆敗，所部三萬人略盡」。秦良玉只好單騎走見四川督撫邵捷春說：「事急矣！盡出吾溪峒卒可得兩萬人，我自稟其半（自出軍糧一半），半餼之官（官府出一半），足以破賊。」然而，邵捷春未採納秦良玉的意見。秦良玉萬般無奈，只有退保石砫一地。

明崇禎十六年（西元一六四三年）冬，秦良玉升任四川總兵官。明崇禎十七年（西元一六四四年）正月，張獻忠率馬步、精兵數十萬，長驅直入夔州。秦良玉再交馳援，終因眾寡懸殊，只得敗歸石砫。為了保全家鄉，她曾發表了〈固守石砫檄文〉。

幾個月後，京城已被李自成所率領的義軍攻破，明思宗自縊於煤山，大明王朝在風雨飄搖中徹底崩塌，李自成入主京城，張獻忠則想牢牢控制住川蜀，以作為自己的據點。張獻忠東征西戰，幾乎囊括了全蜀，卻唯對石砫彈丸之地無可奈何。已六十八歲高齡的秦良玉，帶著她手下歷經百戰的「白桿兵」，不畏強權，誓死抗拒，一直到張獻忠敗亡，起義軍始終沒能踏入石砫半步。

只可惜，一六四四年清軍入關，形勢驟變，清廷取代了大明王朝，迅速西進南下。大順、大西農民軍餘部與南明政權轉而出現聯明抗清的局面。秦良玉也和農民軍停止干戈，重新投入抗清的行列。

秦良玉終究老了。在清順治五年（西元一六四八年），七十五歲的秦良玉在一次檢閱過「白桿兵」後，剛剛下馬，身體就意外一歪，腦溢血去世，結束了她寶貴的生命。不過，她不計安危、捨家破財、愛國愛民的情操，忠貞衛國、至死不渝的高風亮節，受到了天下人的崇敬和愛戴。

為了紀念秦良玉的豐功偉績，後人在其駐兵遺址修建了四川會館，祠堂內供奉秦良玉戎裝畫像，龕前還有副對聯：「出勝國垂三百年，在劫火消沉，猶剩數畝荒營，大庇北來梓客；起英魂天九幽地，看遼雲慘淡，應添兩行熱淚，同聲重哭天涯。」

不少文人雅士也對秦良玉有許多讚美，其中歌頌秦良玉最讓人感動的詩篇，當算清末女英雄秋瑾，詩歌如下：

其一：古今爭傳女狀頭，誰說紅顏不封侯。馬家婦共沈家女，曾有威名振九州。

其二：執掌乾坤女土司，將軍才調絕塵姿。花刀帕首桃花馬，不愧名稱娘子師。

其三：莫重男兒薄女兒，平臺詩句賜娥媚。吾驕得此添生色，始信英雄曾有此。

黃娥——留守女人的頂級榜樣

提起黃娥這個女人，她十分特殊，其命運有雙重性。說她命好，首先她博通經史，擅制詞典，與卓文君、薛濤、花蕊夫人齊名，被尊稱為「蜀中四大才女」之一。其次，她嫁給了明朝三大才子之首——大狀元楊慎，可謂尋得好兒郎。另外，她的出身很好，父親黃珂不僅通經史，能詩文，擅書札，還官至工部尚書（相當於內政部長）。說她命差，也一點不為過。因為，她結婚沒幾年，丈夫楊慎就因為強行諫言得罪了嘉靖皇帝明世宗，後被流放雲南數十年，從此黃娥便在新都（今四川省成都市新都區）獨守空房，成為孤苦無依的留守女人，其命運悲苦令人憐惜。

出身名門小有才藝

前面已經說過，幾乎古代女作家都有一個好的出身，黃娥依舊如此。她的父親是明朝的工部尚書黃珂，原籍在四川省遂寧市，成化二十年（西元一四八四年），三十五歲的黃珂經過千辛萬苦，「過五關斬六將」終於考上進士，當年他的名次是三甲第十三名，狀元郎則是李旻，此人沒什麼造詣，默默無聞。

不過，黃珂雖沒考上狀元，最後卻做出了一番功績。據《明史》記載，進士考上後，黃珂授龍陽知縣。由於治理有方，他很快升任監察御史。之後，他接連擔任右僉都御史巡撫延綏、戶部右侍郎、刑部左侍郎，直到最後官拜工部尚書。黃娥就出生在這樣的顯赫家庭，從小受到了良好的文化薰陶與教育，由於父親詩詞歌賦樣樣精通，聰明伶俐的黃娥在父親的教授下，學習到了不少知識，進步很快，不僅「博通經史，工筆札」，還「能詞善詩」。另外，黃娥的母親聶氏知書達禮，在家教禮數方面，黃娥也是謹守閨門，還能彈琴填曲，有著高深的造詣。父母的良好教育讓黃娥變得與眾不同，在遂寧成了遠近聞名的小才女，所做的詩詞作品受到時人的交口稱讚。

幸運兒嫁給狀元郎

黃娥的名氣很大，在當時不少權貴之子都登門求親，黃娥卻唯獨喜歡大才子楊慎。這個楊慎可不得了，在中國文學史上占有重要的地位，在中國科舉考試中也是青史留名。

據《明史》記載，這個楊慎也是四川人，家在新都。楊慎的父親楊廷和很了不得，是明朝的內閣首輔（宰相）。出生在這樣的家庭，楊慎應該知足了，他和清朝的詞人納蘭性德有得一拼，比曹雪芹的家世還好。出身名門，又聰明好學，楊慎十來歲就小有名氣。「十一歲能詩，十二歲擬作〈古戰場文〉、〈過秦論〉，長老驚異。入京，賦〈黃葉詩〉，李東陽見而嗟賞，令受業門下。」（《明史》）此段介紹說得很明白，楊慎十一歲就能寫詩，十二歲就擬作了〈古戰場文〉、〈過秦論〉，文壇前輩紛紛驚詫，就連當時的禮部尚書（相當於教育部長）李東陽看到楊慎寫的〈黃葉詩〉後，十分驚嘆，大為讚賞，破格將其收在門下當徒弟。楊慎沒有辜負前輩們的希望，在二十四歲時，他就以「殿試第一，授翰林修撰」，當時楊慎考了全國第一名，成為明武宗時期的大明文科狀元。

而才女黃娥就有幸嫁給了大名鼎鼎的狀元郎楊慎。從這一點看，她是很幸運的。不是每一個女人都能嫁給才華橫溢的狀元，也不是每一個女人都能與文學家朝夕相處，愉快地談詩論詞。黃娥做到了，她與楊慎結婚後的日子十分甜蜜，兩人經常一起談論文學。

據史料記載，黃娥婚後寫了好幾首詩詞與丈夫探討，譬如〈閨中即事〉：「金釵笑刺紅窗紙，引入梅花一線香。螻蟻也憐春色早，倒拖花瓣上東牆。」比如〈庭榴〉：「移來西域中多奇，檻外緋花掩映時。不為秋深能結實，肯於夏半爛生姿。番嫌桃李開何早，獨秉靈機放故遲。朵朵如霞明照眼，晚涼相對更相宜。」

在這些詩歌中，黃娥以她高貴的氣質，傲然的自信，獨特的清高，向楊慎作了殷殷至情的表白。讀著嬌妻的詩歌，其語句之優美，其用情之專一，讓楊慎大為感動，他對妻子的才學嘆賞之極，稱黃娥為「女洙泗（女孔子），閨鄒魯（女孟子），故毛語（女毛公）」。隨後，楊慎也親自和了一首〈鷓鴣天〉送給妻子：「寶樹林中碧玉涼，西風又送木樨黃。開成金粟枝枝重，插上烏雲朵朵香。」

像此類和詩的情況時有發生，黃娥和丈夫楊慎的婚後生活十分甜蜜，兩人相敬如賓，過著幸福而暢快的生活。

直言進諫得罪嘉靖皇帝

考上狀元沒有多久，明武宗就去世了，世宗嗣位，也就是赫赫有名的嘉靖皇帝。即位後的世宗，將楊慎召至京師，任其為經筵講官。過了三年，嘉靖納桂萼、張璁言，召為翰林學士。這時，一向敢於直言的楊慎竟偕同三十六人上書：「臣等與萼輩學術不同，議論亦異。臣等所執者，程頤、朱熹之說也；萼等所執者，冷褒、段猶之餘也。今陛下既超擢萼輩，不以臣等言為是，臣等不能與同列，願賜罷斥。」這段話的大概意思就是，當時皇帝提拔了桂萼、張璁當翰林學士，但楊慎等一夥人居然發出反對聲音。楊慎上言說，他們與桂萼、張璁研究的學術不同，節操也不同。他們奉行的是程頤、朱熹之說，而桂萼、張璁等所執的是令人不齒的冷褒、段猶之餘。現在陛下好壞不分，卻要重用桂萼等人，不採納我們的正確意見。因此我們不願意與桂萼、張璁同列，冒死上書希望陛下罷免他們。

從這一點看，楊慎很有風骨，在文臣中屬於佼佼者。但是，從官場規則來看，楊慎也太不懂事了。如果皇帝要提拔重用某人，而下屬卻聯合起來唱反調，要求領導者做出慎重選擇，這是不是有點以下犯上、不懂規矩了呢？因此，嘉靖皇帝對此大為惱怒，嚴厲懲罰了楊慎一夥人，停了他們的俸祿，還將帶頭鬧事的八個人打入監獄。見此情況，楊慎和翰林檢討王元正等人還不收斂，繼續撼門大哭，聲徹殿庭。嘉靖皇帝氣得不行，便將三十六個翰林全部弄進了監獄，並罰以廷杖。之後，他們受到了貶謫，楊慎也被流放雲南。

而新婚不久的妻子黃娥因丈夫被迫害，肝腸欲斷，悲憤盈腔。行至江臨，就要作別，小倆口有說不盡的離愁別恨，道不完的相思別苦，熱淚縱橫，悲天愴地。之後，黃娥帶著無限悲傷的心情，無奈地回到新都老家盡孝，主持家政，當了一位留守少婦，從此孤苦無依。

無奈與丈夫分別回新都

在與妻子離別後，楊慎感情洶湧，做了一首詩〈臨江仙．戍雲南江陵別內〉送給了妻子黃娥。內容如下：

楚塞巴山橫渡口，行人莫上江樓。征驂去棹兩悠悠。相看臨遠水，獨自上孤舟。
卻羨多情沙上鳥，雙飛雙宿河洲。今宵明月為誰留？團團清影好，偏照別離愁。

讀罷丈夫的詩詞，悲痛萬分的黃娥一口氣唱了四首〈羅江怨．閨情〉，藉以傾訴自己的痛苦和無奈。筆者選取了其中一首，供讀者閱覽，其一：

空庭月影斜，東方亮也。金雞驚散枕邊蝶。長亭十里，陽關三疊。
相思相見何年月？淚流襟上血，愁穿心上結。鴛鴦被冷雕鞍熱。

該詞真是字字血聲聲淚，令人為之哀嘆。此後黃娥獨自擔負起侍奉公婆、管理家務的責任。那一年，黃娥才二十七歲。

孤苦無依留守三十年

之後，楊慎一直在雲南流放，而黃娥則待在家裡留守，兩人根本沒有見面的機會，真的是比牛郎織女還慘，他們起碼一年還能在七彩橋上見一次，而黃娥和丈夫遠隔兩地，幾乎多年不曾相見。

後來有一次機會，黃娥見到了丈夫。那是嘉靖五年（西元一五二六年）六月，楊慎聽說父親病了，便從雲南日夜兼程，走了十九天才到家。七月，楊廷和看見兒子，心裡一高興，病居然頃刻痊癒了。當年九月，黃娥便與丈夫一同去了雲南，在滇南陪伴楊慎生活了兩年多。

嘉靖八年（西元一五二九年）六月，楊廷和病卒，黃娥與楊慎便又從雲南返回新都辦喪事。十一月，辦完喪事後楊慎返滇，黃娥便獨自留在新都，此時黃娥已三十一歲，從此夫妻天各一方，一別就是整整三十年。

這三十年中，孤苦無依的黃娥獨守空房，無一兒半女陪伴，年復一年，似乎永遠沒有盡頭。她只有將對丈夫的刻骨思念，化為一行行纏綿淒切的詩句，寄給幾千里之外的丈夫。比如其中的一首散曲〈南商調．黃鶯兒．苦雨〉就十分淒婉動人，令人感傷：

積雨釀輕寒，看繁花樹殘，泥途滿眼登臨倦。雲山幾盤，江流幾灣，天涯極目空腸斷。寄書難，無情征雁，飛不到滇南。

這首散曲也是黃娥的代表作，哀婉淒清，纏綿悱惻，深深撥動讀者之心弦，傳唱千里，蜚聲四方。據說楊慎讀後也為妻子的才情折服，竟一連和了三首，卻無論意境還是詞句總也不如。王世貞在《藝苑卮言》就佐證道：「黃娥的〈寄外〉詩和〈黃鶯兒〉字字佳絕，楊狀元連和三首，也總是不如！」

黃娥還有一首詩，筆者特別喜歡，它就是黃娥獨留新都時寫的〈寄外〉：「懶把音書寄日邊，別離經歲又經年。郎君自是無歸計，何處春山不杜鵑。」該詩流傳甚廣，許多集子都有收錄，足見其影響力。

一次進諫導致一生悲劇

因「大禮儀」事件，明嘉靖皇帝恨死了楊慎，在他當朝期間多次大赦天下，卻一次也沒有輪到楊慎，可見嘉靖皇帝的心胸狹窄，也可見封建皇權的專制與殘忍。

嘉靖三十七年（西元一五五八年）隆冬，楊慎被雲南巡撫王昺以私自回川為理由，派人從瀘州械押回滇，不到半年，嘉靖三十八年（西元一五五九年），楊慎死於永昌戍所，年七十二歲。這時，早已年邁的黃娥萬里奔喪，在瀘州遇上被運回的楊慎靈柩，傷心欲絕，大哭不止。黃娥把楊慎靈柩運回新都，力排眾議堅持「藁葬」（草草埋葬）楊慎於新都祖墳陵園。

不久，心胸狹窄的嘉靖皇帝果然派人前來啟驗，因找不到任何藉口，避免了一場家族大禍，事後眾人不得不佩服黃娥清醒的政治頭腦。十年後黃娥病逝，合葬於楊慎墓。明代最傑出的女詩人黃娥，也就這麼香消玉殞了，但她留給後人的文化遺產卻萬古長存！

後世文人給予了她高度評價，比如徐青藤就為黃娥詩集撰序：「楊夫人才情甚富，不讓易安（李清照）、淑真（朱淑真）。旨趣閒雅，風致翩翩，填詞用韻，天然合律。」方維庸讚譽她的詩句「不纖不庸，格志氣逸」。

四川省遂寧市地方政府為了紀念黃娥，還特地修建了景區。比如黃娥古鎮休閒渡假區，即「七彩明珠」景區，按照中國國家4A級景區建設，規劃用地七平方公里，包括詩景畫廊、眉園疊翠、五彩花塢、桃源春曉、果香民居、黃娥古鎮、鷺島鳥語等七大主景區。同時，還修建了黃娥詩碑林，包括黃娥牌坊、黃娥主碑、黃娥詩碑和著名詩人碑林，總計四十三塊，其中黃娥主碑一塊，展示黃娥一生不同階段的詩碑十三塊，中國歷代著名詩人和遂寧本土詩人詩碑二十九塊。各位讀者若有興趣，不妨去遂寧看一看，說不定能在那裡感受到黃娥淒婉的文風和文氣。

清

慈禧——中國改革富強的「攔路罪人」

身為晚清同治、光緒兩朝的最高決策者，慈禧以「垂簾聽政」、「訓政」的名義統治中國達四十七年，不得不說是一個奇蹟。儘管，她在權術方面有過人之處，一點也不亞於任何一位帝王，甚至能和武則天相提並論，但在對國家改革富強的貢獻上，她則是最大的「攔路罪人」。中國若沒有她，或許不會有後來的八國聯軍侵華，也不會飽受列強欺壓達數十年之久。因此，將慈禧比為昏庸、腐朽、專橫、殘暴的妖后，還真沒有言過其實。

選秀進宮奔前途

首先，慈禧身為一國之後，在身世問題上卻是一個謎，這不得不引起人們的興趣和疑問。自古以來，像武則天、呂雉等掌握天下權柄者的女性人物，其身世都是很清楚的，史學家也有詳細記載，但對於慈禧的出身，一直是史學界難解的謎。譬如，著名清史專家俞炳坤先生在《慈禧家世考》中說：「對於慈禧家世的研究，始終是一個較為薄弱的環節。這不但表現在所記史實過於簡略，留有許多空白，而且眾說紛紜。」

無奈，筆者不得不採用一些並不一定準確的史料或學術研究資料，以供讀者參考甄選，希望能有所幫助。有學者做出研究，認為慈禧（葉赫那拉氏）是漢人，生於山西省長治縣（今山西省長治市），並在此度過童年。依據是一九八九年六月，長治市郊區（原屬長治縣）下秦村七十七歲的村民趙發旺聲稱自己是慈禧的五輩外甥，又經學者考證得出，一八三五年慈禧出生在山西省長治縣西坡村一戶貧窮農民家庭，取名「王小謙」。四歲時，她被賣給本縣上秦村宋四元為女，改名「宋齡娥」。十二歲時，她又被賣給潞安府知府惠徵為婢，改名「玉蘭」（蘭兒），並在衙西花園專設書房中獲精心培養。咸豐二年（西元一八五二年），她以葉赫那拉惠徵之女的身分應選入宮，從此平步青雲。

另外，也有學者提出，慈禧是滿洲鑲黃旗人，其家庭屬葉赫部（今吉林省四平市附近）。她的父親其實就是徽寧池廣太道道員惠徵，而不是什麼西坡村的普通農夫。因為，在皇族家譜中記載，她是「葉赫那拉氏惠徵之女」，雖有姓，但無名。

至於這些考證到底是否真實，暫不討論，筆者接著講述下面的故事。

是的，十七歲的葉赫那拉氏在咸豐二年二月十一日（西元一八五二年二月），被選秀入宮，賜號蘭貴人。進宮之後，葉赫那拉氏受到了咸豐皇帝的寵幸，未到兩年時間，她就火速晉封為懿嬪。之後，她又生下了皇子載淳，也就是咸豐皇帝的第一個兒子，也是唯一的兒子。母以子貴，自此，葉赫那拉氏的地位迅速提高，並於咸豐六年（西元一八五六年）三月，晉封懿妃，第二年她又晉封懿貴妃，成為後宮妃嬪中的二號人物。

僅用了五年時間，慈禧就從一個普通的婢女，升任到貴妃位置，的確是一個奇蹟。當年，武則天爬到這個位置，卻不知費了多少周折。從這點來說，慈禧是幸運的。

咸豐駕崩雙后共掌政

更幸運的還在後面，葉赫那拉氏的丈夫咸豐帝體弱多病，當北有英法聯軍入侵京城、南有太平天國反清運動，內憂外患之時，這個短命的皇帝更加心力交瘁。據傳，由於懿貴妃葉赫那拉氏工於書法，病重的咸豐帝便時常口授，讓其代筆批閱奏章，並允許懿貴妃發表自己的見解，這一定程度鍛鍊了慈禧在治國實踐上的能力，也為後來的掌權理政埋下伏筆。

一八六一年八月，倒楣的咸豐帝在熱河駕崩，臨終前將怡親王載垣、鄭親王端華、景壽、尚書肅順、穆蔭、匡源、杜翰、焦佑瀛八人，一同任命為贊襄政務王大臣，希望他們輔佐同治帝載淳處理朝政。另外，咸豐帝又給皇后和皇太子（由皇帝生母懿貴妃代管）兩枚代表皇權的印章，希望他們相互牽制，以維持清朝的長遠統治。

咸豐帝死後，慈禧的兒子載淳即位，定年號為「祺祥」。葉赫那拉氏與皇后鈕祜祿氏（當時的中宮皇后慈安）並尊為皇太后。此時，矛盾就產生了，兩后與顧命八大臣之間出現了爭權的局面。八大臣企圖聯合起來對抗兩后專權，卻首先遭到了權力欲更高的慈禧不滿，於是慈禧借助恭親王奕訢，利用帝后和咸豐帝的棺木回京的機會，發動了著名的「辛酉政變」，設計逮捕了八位大臣，判處怡親王載垣、鄭親王端華自裁，肅順斬立決，其他人革職。

參與此次政變的奕訢立了大功，不久就被封為「議政王」。從此，權力回到了兩后手中。一八六一年十二月二日，清朝改年號為「同治」，兩宮太后在養心殿統理國政，垂簾聽政，從此「兩鳳凰」共同執政的局面正式形成。

兒子同治英年早逝

在執政初期，慈禧太后還願意與慈安一同商議，共掌國政。但是慈安太后對權力沒有多大欲望，因此實際上是由慈禧一人掌握了權柄，獨霸朝廷。

在執政前期，慈禧還是做了一些貢獻，比如整飭吏治，重用漢臣，依靠曾國藩、左宗棠、李鴻章等漢族地主武裝維護統治，又在列強支持下，先後鎮壓了太平天國、捻軍起義，緩解了清王朝的統治危機，使清王朝得到暫時穩定。

到了同治十一年（西元一八七二年），慈禧太后已掌握朝政達十一年之久，她的兒子載淳也已十七歲，到了該親政的年齡。無奈，慈禧便為同治帝選了一位皇后。次年，兩宮太后捲簾歸政。但同治帝親政後，並沒有擺脫掉慈禧的干預。為了享樂，慈禧私下授意同治帝為自己修繕圓明園，以供其居住。同治帝為了討好慈禧，也為了自己母親能高高興興地把權力交給自己，便不顧財政緊缺，堅持開工修復，引起奕訢等王公大臣的強烈反對。

同治帝這時急紅了眼，認為奕訢等人簡直不懂事，竟準備下令將他們全部革職。慈禧得知這一情況後，立即出面制止了同治帝這一決定。為什麼慈禧會這麼做呢？不僅僅是當年發動政變奕訢立了大功，更重要的是，野史記載奕訢還是慈禧的男寵。

此事，同治帝沒能辦成，心情也不是很舒暢。然而，等待他的是更悲慘的事。一八七五年一月，二十歲的同治帝就因得了重病，不治身亡，英年早逝。他親政治國的念頭，也只能到陰間去實現了。

光緒成為傀儡皇帝

同治帝死後，國家不可一日無君。由於咸豐帝只有一個兒子，因此慈禧便選定了她的外甥（咸豐帝的姪子），四歲的愛新覺羅．載湉為帝，此人便是有名的傀儡皇帝光緒。一八八一年四月八日，慈安太后突然去世，享年四十五歲。官方說法為腦溢血，但民間野史認為是慈禧所害。此事尚無定論，讀者可以自行判斷。

慈安死了，光緒還是個小屁孩，這時的慈禧便沒有任何對手，一人獨霸朝政，享有著至高無上的權力。雖然，她掌管著大清王朝的命脈，卻並沒做出多少貢獻，反而簽訂了不少喪權辱國的條約，阻礙了中國的發展。

一八八三至一八八五年，中法戰爭爆發，雙方在軍事上互有勝負，但以慈禧為首的清政府卻主張「乘勝即收」，與法國簽訂了《中法新約》，該條件嚴重有利於法國，使其獲得了不少侵略利益。

一八九四年，日本發動甲午戰爭。這時已十九歲的光緒主戰，慈禧表面要求「不准有示弱語」，背後卻大興土木，浪費財政修建頤和園，甚至還動用軍費。有大臣提出暫停工程，號召全力抗日，卻遭到慈禧辱罵：「今日令吾不歡者，吾亦將令彼終生不歡。」

在這種內憂外患的形勢下，清軍在朝鮮戰場、黃海戰場雙雙失利，遭受嚴重挫折。但慈禧仍然沒記取教訓，依然如故舉辦自己的六旬慶典。同時，她還支持李鴻章「避戰求和」的方針，打擊以光緒為首的主戰派。在金州、大連相繼陷落，旅順萬分危急的情況下，慈禧照常在寧壽宮度過了自己的六十歲生日。

一八九五年，中國海陸兩個戰場均遭失敗，以慈禧為首的主和派派遣李鴻章為全權大臣，赴日乞和。該年四月十七日，清政府簽訂了中國歷史上空前屈辱的條約《馬關條約》，中國放棄對朝鮮的宗主國地位，賠款兩億兩白銀，割讓遼東半島（在俄、德、法等西方列強干涉下，後以白銀三千萬兩贖回）、臺灣、澎湖列島，開放四個通商口岸，允許日本在通商口岸開礦設廠。

甲午戰爭失敗後，列強掀起瓜分中國的狂潮。為了救亡圖存，一八九八年六月，光緒帝發布「明定國是上諭」（即〈明定國是詔〉），實行變法。此次變法觸動了滿洲舊勢力貴族和眾多封建官僚的利益，他們聚集起來竭力反對阻止，當聽說光緒帝企圖讓袁世凱派兵殺死榮祿時，慈禧等人發動「戊戌政變」，拘禁了光緒皇帝，並處死譚嗣同等六人，變法遭遇失敗。中國清朝歷史上，本有機會改革富強的機會，也就這麼被慈禧給扼殺了，從此以後國家不斷淪陷，走入戰亂落後的漩渦中。

「剿匪」不成反失敗

戊戌政變剛剛失敗，中國北方就興起了義和團運動，先期差不多就是由白蓮教等民間祕密團體組織利用農民的愚昧掀起的一場革命。

最開始，慈禧決定剿滅，但多次鎮壓居然均告失敗。慈禧又破天荒想出採用《水滸傳》中的手法，希望像利用梁山土匪一樣，借助義和團去攻打西方列強。於是，慈禧一方面要求各省將軍督撫認真安排戰守事宜，利用義和團圍攻使館、抗擊八國聯軍；另一方面，她令榮祿前往使館慰問各國使臣，又分別致國書於俄、英、日、德、美、法等國元首，請他們出面「排難解紛」、「挽回時局」，並將兩廣總督李鴻章調任直隸總督兼北洋大臣，準備與列強談判。但是，八國聯軍沒有停止進攻，一同攻入紫禁城，慈禧倉皇帶著光緒帝、皇后等人出逃北京，令奕劻、李鴻章為全權大臣，與列強進行談判，把戰爭的責任推到義和團身上，下令對義和團「痛加剿除」，並發布上諭表示要「量中華之物力，結與國之歡心」，其罪惡嘴臉令人不齒。

一九〇一年九月七日清政府與十一個帝國主義國家簽訂《辛丑條約》，規定按照當時中國人口的數量賠款四點五億兩白銀，三十九年內賠款九點八億兩白銀，並懲辦主戰官員，拆除大沽到北京沿線所有炮臺等。一九〇二年初，慈禧與光緒帝等才灰頭土臉回到北京。

臨時抱佛腳變法

為了維持統治，改變自身守舊無能的形象，慈禧太后居然也在「西狩」期間宣布實行「新政」，進行多方面的改革舉措。當時，國內人民普遍意識到君主立憲優於君主專制，要求清政府進行憲政改革。慈禧於是派五大臣出洋考察，宣布預備立憲，並頒布《欽定憲法大綱》，內容仿照德國和日本的憲法，維護皇帝的「君上大權」。

同時，慈禧太后還學著古代偉大帝王的樣子開始整頓吏治，大力嚴懲腐敗。當時的反腐風暴是由一本小說《官場現形記》引起的。西太后看了李寶嘉寫的書後十分生氣，她將清朝的衰落、受列強欺負的罪，都算到了這些貪官的頭上，於是開始展開規模龐大的「反腐」行動，而這場「反腐」行動的主要對象就是《官場現形記》中所影射的官員。

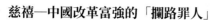

慈禧的「反腐」方法很簡單，就是按圖索驥，照著《官場現形記》裡影射的名單抓人，很快就有一大批官員被抓，並以謀反罪被斬立決。接著，慈禧太后又讓人將《官場現形記》中的一些行賄、受賄以及官員的腐敗行為整理刊印出來，下令全國官員凡有此行為者，皆為重罪。令人驚奇的是《官場現形記》裡所影射的大部分官員，幾乎都被慈禧太后以謀反罪處決了。雖然，這次反腐並沒有改變清朝的命運，但經過此次反腐，許多官員因此收斂了很多。一本小說能夠成為一個國家的「反腐指南」，這恐怕也算是世界獨一無二的奇蹟！

一九〇八年，慈禧支持中國官派留美學生到英、法、比利時、義大利、荷蘭等國留學，費用約白銀三億兩左右，此舉對興辦教育事業或多或少有一定成效。

病入膏肓為時晚

一九〇八年十一月十四日，本想有一番作為的光緒帝不幸駕崩，可憐可悲。由於沒有子嗣，慈禧太后安排醇親王載灃為攝政王，其子溥儀為皇儲。

一九〇八年十一月十五日，葉赫那拉氏於中南海儀鸞殿病逝，享壽七十四歲。筆者認為，這有點弔詭，為何光緒才死一天，慈禧就去世了呢？雖然歷史記載是病逝，但筆者對此很是懷疑，世界上哪有這麼巧的事呢？

不過，慈禧臨終時的遺言卻很有意思，她說：「此後，女人不可與聞國政。此與本朝家法相違，必須嚴加限制。尤須嚴防，不得令太監擅權。明末之事，可為殷鑑！」俗話說，人之將死其言也善，看來慈禧到死才說出了有利於國家和人民的話，可惜已經晚了，這位中國改革富強的最大「攔路罪人」，死有餘辜。

宣統元年（西元一九〇九年）十月，慈禧葬於河北省遵化市菩陀峪定東陵，定徽號「慈禧端佑康頤昭豫莊誠壽恭欽獻崇熙太皇太后」，謚號「孝欽慈禧端佑康頤昭豫莊誠壽恭欽獻崇熙配天興聖顯皇后」，簡稱「孝欽顯皇后」，謚號共二十三字，謚號長度超過清朝開國皇后孝慈，本朝孝德、孝貞兩位正宮皇后，為清代及中國歷代皇后之最。

題外野史

・男寵均權傾朝野

關於慈禧的野史有許多，筆者不一一列舉，不過可以為讀者談一談她養男寵的故事，這有點類似於武則天，兩人都十分好色，都養了不少美男，供自己享受遊樂。

首先，有學者認為慈禧太后在剛入宮做秀女之時，就已和恭親王發生戀情，並經常趁其他宮女不注意時，外出與恭親王偷情狂歡。正因如此，有人認為咸豐帝沒有生育，同治皇帝就是慈禧與奕訢私通的結晶。這種觀點，筆者還真有點相信。不然，為何咸豐帝只有一個兒子，而恭親王又為何要死心塌地和慈禧一起搞政變呢？

其次，慈禧還有一個明目張膽的男寵，這個人就是榮祿，傳言說是她的初戀情人。據野史記載，慈禧在進宮之前，身分很低微，只是一個婢女，但人很端莊漂亮。有一天在街上，一個惡少趁慈禧獨自一人行走時，便企圖將其強姦，恰好榮祿看到，英雄救美將惡少趕跑。慈禧免遭侮辱，從此對榮祿既感激又愛戀。即使後來掌權後，慈禧還與榮祿私通。不然，為何後來同治帝堅決要將榮祿革職時，慈禧立即匆忙阻止呢？

據民間傳言，慈禧太后除了奕訢和榮祿之外，還與太監安德海和李蓮英有染，儘管太監沒有性能力，但可以給慈禧安慰和刺激。從慈禧對李蓮英一再封官和賞賜便可看出一點端倪。比如，康熙末年規定太監品秩最高為五品，最低者八品；乾隆七年改為「不得超過四品，永為定例」。但慈禧執政時，打破祖制，賞李蓮英為二品。多年來，慈禧對李蓮英寵眷不衰，兩人常在一起並坐聽戲，凡李蓮英喜歡吃的東西，慈禧多在膳食中為他留下來。這不得不說很不正常。

清代學者文廷式《聞塵偶記》也記載：光緒八年（西元一八七四年）的春天，琉璃廠有一位姓白的古董商，經李蓮英介紹得幸於慈禧。當時慈禧四十六歲，白某在宮裡住了一個多月以後被放出。不久，慈禧懷孕，慈安太后得知大怒，召禮部大臣，問廢后之禮。禮部大臣說：「此事不可為，願我太后明哲保身。」另有野史記載：金華飯館有一個姓史的年輕店員，長得玉樹臨風，儀容俊美。史某與李蓮英混熟了，經常被李蓮英帶到宮裡去玩。有一天，慈禧發現李蓮英旁邊站著個俊美的少年，不但不生氣，反而十分興奮，遂將史某留在宮內「晝夜宣淫」，一年後生下光緒。慈禧不敢養在宮中，命醇親王代為養育，接著將史某滅口。慈禧立光緒為帝，或許是因為光緒是她的親生兒子。

・美容養生有研究

另外，慈禧這人還十分注重美容養生。比如，她喜歡喝人乳，一喝竟喝了五十年。明代的謝肇淛在《五雜俎》中記載說：「穰城有人兩百四十歲，不復食穀，唯飲曾孫婦乳。」靠喝曾孫婦的乳汁活到兩百四十歲，未免太離譜，令人難以置信。不過，清代慈禧靠人乳養顏、養生，是確鑿事實。據說，慈禧從二十六歲開始，直到七十五歲去世，近五十年間從未間斷過喝人乳，每天有三名奶媽專程為她提供充足健康的奶水。她堅信能夠保持青春常駐的最佳妙方就是人乳，這從她七十多歲了還一直保持美麗的容顏上可以得到證實。

由於慈禧喜歡喝人乳，後宮妃嬪也跟風起來。為此，清宮規定，每個季節精選奶媽四十人，在內廷之中闢專室養護，稱為「坐秀奶口」；再選八十人住在宮中，由內府專程供應飲食，稱為「點卯奶口」，即「候補奶媽」。當「坐秀奶口」出現意外無法供奶時，這些「點卯奶口」可以補缺。這些奶媽，還要保證每個季節更換一批，以保證人奶充足供應。

以上均為野史，讀者請自行辨別，姑且作為飯後閒聊話題。

民國

張愛玲——民國第一女才子

自古以來中國的女作家中，筆者個人認為小說寫得最好的當屬張愛玲，因為她有大家的氣質，並不像三毛、蕭紅等人的文字沉浸在抒發個人的哀怨上。那麼，張愛玲是一個怎樣的人物，她的感情生活又如何呢？她到底經歷了怎樣的人生傳奇呢？

權貴之家的千金小姐

提到民國才女張愛玲，她依舊沒有擺脫「女作家大多出身名門」的文壇怪現象。據史料記載，一九二〇年九月三十日，張愛玲出生於上海麥根路（今泰興路）一幢建於清末的仿西式豪宅中。她的祖父張佩綸是清末名臣，祖母李菊耦是大名鼎鼎的李鴻章長女，父親曾當過金浦路鐵路局的英文祕書。

生活在這樣顯赫的家庭中，張愛玲比一般的貧民子女受到的教育則更為優越。比如，一九二四年還不滿四歲的張愛玲，就已在私塾讀書，由她姨奶奶特地看管。一九二八年，八歲的張愛玲又開始學習繪畫、英文和鋼琴，還在母親的教授下閱讀《三國演義》、《西遊記》、《七俠五義》等古典名著。從此處可以看出，張愛玲的文學啟蒙很早，八歲就可以讀四大名著，這對於農村孩子來說幾乎不可想像。一般情況下，八歲的農村孩子還在田野間捉青蛙，河裡摸魚兒，柴草裡打滾。譬如從農村出來的筆者第一次閱讀長篇小說則是十一歲，最早閱讀四大名著也是十三歲以後了。從這一點來看，張愛玲很幸運，她有一個好的家境。

一九三〇年，十歲的張愛玲開始進入黃氏小學插班讀六年級，這時的她由原名張瑛改名為張愛玲。不幸的是，當年她的父母卻因感情不和協議離婚，這給張愛玲的童年造成不小的心理陰影，或許此後她的小說大多以悲劇結束，很大一部分原因恐怕是緣於此。父母離婚之後，張愛玲的母親與姑姑搬出了上海的寶隆花園洋房，到了法租界去租房居住，而年幼的張愛玲則繼續與父親一起生活。從小沒有母親的陪伴和關愛，張愛玲只有靠讀書排解內心的孤獨，但她因此得福，由此培養了超級的想像力，也表現出很強的編故事能力。

從十二歲起，張愛玲開始文學創作。她的第一部小說為〈不幸的她〉，發表的刊物是《聖瑪利亞校刊》。這是張愛玲第一次在刊物發表文章，也是她的處女作。該文發表後，張愛玲在學校引起不小的轟動，還擁有了不少同學粉絲。一九三三年，十三歲的張愛玲又在校刊上發表了第二篇文章，這次不再是小說，而是一篇散文〈遲暮〉。發表小說和散文之後，張愛玲又喜歡上了詩歌，她主動向博學多才的父親請教，試著學習填寫古體詩。這段學舊詩的經歷，一定程度上奠定了她的古文功底。

一九三四年，十四歲的張愛玲文思泉湧，情緒高漲，接連寫了〈理想中的理想村〉、〈摩登紅樓夢〉、〈後母的心〉等文章，或許是因為寫得太過粗糙和稚嫩，並沒能夠在刊物上發表。不過，這並沒有影響張愛玲的創作熱情。一九三六年，十六歲的張愛玲在《鳳藻》發表散文，這也是她第一次在正規的市場刊物上發表文章，題目為〈秋雨〉。之後，張愛玲的創作一發不可收拾，相繼在《國光》半月刊上發表小說〈牛〉、〈霸王別姬〉及評論〈《若馨》評〉，在《鳳藻》上發表〈論卡通畫之前途〉，她又參加了《西風》三週年紀念徵文，獲第十三名的榮譽獎，這時張愛玲僅僅二十歲。記得筆者二十歲時，也寫出了兩部長篇小說，一部是《一隻北方的狼》，另外一部則是本人的成名作《中國式青春》。而王蒙、阿來在二十歲左右時，均已創作了文學作品：王蒙開始寫《青春萬歲》，阿來則在創作他的詩集。

文學創作出名要趁早

二十歲之後，張愛玲徹底沉浸在了愉快的寫作之中，並不斷推出不少優秀的文學作品。她相繼在《泰晤士報》上寫影評和劇評。在英文《二十世紀》月刊上發表〈中國人的生活與服裝〉、〈中國人的宗教〉、〈洋人看戲及其他〉等散文和五六篇影評。

二十三歲，張愛玲認識了文學上的第一位貴人，他就是當時著名的文學刊物《紫羅蘭》的主編，也就是頗具影響的作家周瘦鵑。周瘦鵑看了張愛玲的作品後，極為欣賞，大為盛讚，鼓勵她一定要走專業作家的道路，將來必定大有所成。張愛玲受到周的鼓勵，信心倍增，於是潛心創作了小說〈沉香屑．第一爐香〉，很快就在《紫羅蘭》上發表，此文一經刊發，便引起文壇震動，張愛玲遂在當時的上海文壇一炮打響，迅速嶄露頭角，成為聲勢火熱的年輕女作家。當代的韓寒、郭敬明、張悅然等人的路子與張愛玲有些類似，他們都參加了新概念大賽，因為一篇文章就轟動文壇，從此邁入專業作家的行列。由於引起轟動，張愛玲接著又發表了續作〈沉香屑．第二爐香〉，依舊轟動。之後，張愛玲相繼在《雜誌》、《萬象》、《古今》等知名刊物上發表〈茉莉香片〉、〈到底是上海人〉、〈心經〉、〈傾城之戀〉等一系列小說、散文，並接連出版實體書，從此成名天下，蜚聲文壇，受到廣大讀者的追捧，這時她只有二十四歲。後來，張愛玲在散文〈天才夢〉中談自己的創作感受時就提到：「出名要趁早！」或許這是她對文學愛好者的忠告和提醒。是的，張愛玲說得很有道理。筆者閒暇之餘對現當代知名作家進行過相關研究，發現他們均有一個共通性，就是成名幾乎都比較早。

在現當代文壇中，稍微有名氣、有實力的作家幾乎都有這麼一個共通性，那就是在三十五歲之前均已成名（極個別除外），這是不可爭議的文壇定律。

痴愛多情才子胡蘭成

由於出名很早，喜歡張愛玲的男性很多，包括不少達官貴人和上海富商，但張愛玲均沒有興趣，直到後來胡蘭成的出現，徹底俘獲了張愛玲的芳心。

這個胡蘭成出身寒門，老家在浙江省嵊縣下北鄉胡村，祖父胡載元，父胡秀銘，母吳菊花都是普通的老百姓，不過還算幸運的是胡蘭成有機會讀書，在該地的蕙蘭中學就學。不過，令人悲傷的是，在讀到小學四年級時，他卻因編輯校刊得罪了校務主任方同源，被學校無情開除。從此處可以看出，胡蘭成家裡沒什麼硬關係，不然怎麼可能因得罪一個小小的校務主任，就被開除了呢，這些其實是可以私下疏通解決的。令人欣慰的是，胡蘭成沒有頹喪下去，由於喜歡文學，他從未停止看書，在二十七歲時寫出了散文集《西江上》，從此改變了命運。三十一歲，胡蘭成又被《中華日報》聘請為主筆，三十二歲調到香港《南華日報》任總主筆，隨後被汪精衛看上，正式踏入政壇。

張愛玲與胡蘭成相識時，胡蘭成正在汪精衛政府當宣傳部次長。一九四三年的一天，胡蘭成在辦公室看到了雜誌《天地》，在讀到張愛玲的小說〈封鎖〉後大為讚賞，便決定親自去拜訪作者張愛玲。兩人見面之後，竟海闊天空長談五個小時，從品評時下流行作品，到問起張愛玲每月寫稿的收入。當胡蘭成與張愛玲並肩散步到小巷口時，他忽然說：

「妳這樣高，這怎麼可以？」只這一句話，就突然地把兩人的距離拉近了。「這怎麼可以」的言外之意是從兩個人匹配與否的角度去比較的，前提是已把兩人作為男女朋友放在一起看待了。張愛玲很詫異，心裡卻感到十分驚喜。

次日，胡蘭成又去拜訪張愛玲。見到張愛玲房裡十分華貴，胡蘭成便形容說，三國時劉備進孫夫人的房間，也就是這種感覺。那天，張愛玲穿了一件寶藍綢襖褲，戴了嫩黃邊框的眼鏡，看上去十分知性漂亮，令胡蘭成十分心動。兩人在張愛玲家裡又是一次長談，相處十分歡快，彼此均有了好感。此後，胡蘭成幾乎每天都去看張愛玲，張愛玲還取出了自己的照片送給他，還在後面題上幾句話：「見了你，我變得很低很低，低到塵埃裡。但我心裡是歡喜的，從塵埃裡開出花來。」

兩人這麼往來一段時間後，互生愛慕，很快便墜入愛河。這一年，胡蘭成三十八歲，張愛玲二十四歲。雖然胡蘭成當時已結婚，但張愛玲並不在乎，仍然愛上了這位多情才子。

多情才子原是情場浪子

與胡蘭成相愛後，張愛玲心情十分愉快，又萬分複雜，她怕自己與胡蘭成的愛情沒有結果，怕自己打擾了胡蘭成的家庭。她的擔憂是多餘的，胡蘭成是一個想作什麼絕不猶豫的人。在追到張愛玲後，胡蘭成立即與第二任妻子攤牌，很快就與其離婚。隨後不久，胡蘭成帶著張愛玲走進了教堂，兩人正式結婚成為夫妻。

愛情得到了收穫，沉浸在幸福中的張愛玲寫作進入爆發期。那段時間，她陸續寫出了〈傾城之戀〉、〈金鎖記〉、〈琉璃瓦〉、〈散戲〉、〈公寓生活記趣〉、〈紅玫瑰與白玫瑰〉、〈殷寶灩送花樓會〉、〈論寫作〉、〈有女同車〉、〈走！走到樓上去！〉、〈說胡蘿蔔〉、〈詩與胡說〉、〈寫什麼〉、〈忘不了的畫〉、〈等〉、〈年輕的時候〉、〈花凋〉等。其中〈傾城之戀〉和〈金鎖記〉、散文〈愛〉都成了她的代表作。《雜誌》編輯部還多次為她舉辦研討會，使得張愛玲成為當時文壇的耀眼明星。

然而，好景並沒有維持多久。這時，胡蘭成由於工作原因調到了武漢，住在江漢醫院。在這期間，張愛玲沒有陪在身邊，胡蘭成認識了一名姓周的護士，此人長得十分漂亮。胡蘭成很快就與周護士開始了同居生活。胡蘭成沒有因為自己的行為感到愧疚，在回到上海後，他竟如實告訴張愛玲關於周護士的事。

不久，胡蘭成又回到了漢陽，沒幾天日本就正式投降。知道自己沒有退路的胡蘭成便選擇逃亡。一九四六年二月，張愛玲從上海去找逃亡中的胡蘭成，在溫州見到丈夫時，胡蘭成身邊居然又有了另外一個叫范秀梅的女人。張愛玲的突然到來，使得胡蘭成很吃驚。看到胡蘭成的濫情，在溫州停留了二十幾天後，張愛玲就生氣地回到了上海。

心灰意冷寫絕情信

胡蘭成的兩次出軌，讓張愛玲徹底看清了這位濫情的男人，心灰意冷的她覺得自己有必要放棄這段令人痛苦的情愛，便在一九四七年六月，寫了一封絕交信託人交給了胡蘭成，信中寫道：「我已經不喜歡你了，你也是早已不喜歡我了的。這次的決心，我是經過一年半的長時間考慮的，彼時唯以小吉故，不欲增加你的困難。你不要來尋我，即或寫信來，我亦是不看的了。」除了信之外，張愛玲還附上了自己的三十萬元稿費，希望能夠幫助胡蘭成在逃亡過程中的開銷。

張愛玲的信，胡蘭成看了，但並沒有給其回信。這位胡蘭成比大漢時期的辭賦家司馬相如還壞，當年卓文君寫書信和詩給出軌的丈夫後，司馬相如還知道回心轉意，重新回到了卓文君的懷抱，挽救了自己的婚姻。但是，胡蘭成並沒有這麼做，他不僅沒有回信，依然如故地玩著新鮮的女人。但也有學者研究認為，胡蘭成曾寫信給張愛玲的好友炎櫻，試圖挽回這段感情，但張愛玲沒有理他，炎櫻也沒有理他。這段感情就此謝幕。

可能胡蘭成認為自己是潛逃的漢奸，在中國已無立足之地，不想拖累張愛玲，便絕情地避開了妻子。他選擇了獨自逃亡，一九四九年從香港出發，又逃到了日本定居。

分手後遇到新伴侶賴雅

在與胡蘭成徹底分手後，張愛玲過得十分孤獨，很少與人交往，心情也相當不好，她在香港居住了一段時間後，便搭乘「克利夫蘭總統號」遊輪到了美國，最先租住在紐約救世軍辦的女子宿舍。這時，張愛玲與好友炎櫻重逢，並一同去拜訪著名學者胡適。

一九五六年二月，張愛玲得到 Edward MarcDowell Colony（愛德華・麥道偉・科勒尼）的寫作獎金，又在二月間搬去 Colony（科勒尼）所在的新英格蘭地區。這個寫作基金會主要是為作家提供一個安靜、舒適的環境。在這裡，張愛玲遇見了另一位令她傾心的男人。這個人就是她的第二任丈夫 Ferdinand Reyher 賴雅先生，賴雅比張愛玲大三十歲，是一位很有才華的美國劇作家。之後，張愛玲開始用英文撰寫長篇小說〈*PinkTears*〉（〈粉淚〉，原名為〈金鎖記〉）。

一九五七年，CBS 上映英文版電影《秧歌》。一九五八年，張愛玲獲加州杭廷頓哈特福基金會資助半年，在加州專門從事寫作，發表小說《五四遺事》，為香港電懋電影公司編寫《情場如戰場》、《桃花運》、《人財兩得》等劇本。一九六〇年，張愛玲成為美國公民。

一九六六年，長篇小說〈怨女〉、〈*Pink Tears*〉（中文版）在香港《星島日報》連載，她同時改寫〈十八春〉為〈半生緣〉。一九六七年，張愛玲任紐約雷德克里芙女子學院駐校作家，並開始英譯《海上花列傳》。〈半生緣〉在香港《星島晚報》和臺北《皇冠》雜誌連載。同年，第二任丈夫賴雅去世，享壽七十六歲。

之後，張愛玲再次陷入孤苦無依的境地。為了散心，她於一九七二年移居洛杉磯，開始了幽居獨處的生活，也很少再有新作品問世。這時，張愛玲醉心於文學研究，比如她接連在《皇冠》雜誌發表〈初評紅樓夢〉、〈二評紅樓夢〉、〈三評紅樓夢〉，在《中國時報》副刊發表〈談看書〉與〈談看書後記〉，並出版評論文集《紅樓夢魘》。

一九七九年，張愛玲將之前創作的小說〈色．戒〉進行了修改，接著在《中國時報》上發表，引起強烈的迴響和轟動。但也就是在這一年，她的第一任丈夫胡蘭成在日本東京生病去世，享壽七十五歲。

大概又過了十六年，也就是一九九五年九月八日夜，舉世矚目的中國文學界才女張愛玲，在洛杉磯西木區公寓內去世，享壽七十四歲。九月十九日，她的遺體在洛杉磯惠澤爾市玫瑰崗墓園火化。九月三十日，她的骨灰由林式同、張錯、高全之、張紹遷、許媛翔等人攜帶出海，撒於太平洋。雖然她的身體從此消失在茫茫大海中，但她的文學作品依舊閃耀在當今文壇，並會永遠流傳。

電子書購買

國家圖書館出版品預行編目資料

歷史的一半是女人：先抖內才能一睹芳容 × 沒過這六關休想娶公主 × 從青樓搖身一變成將軍，一本屬於「她們」的故事 / 賈飛著 . -- 第一版 . -- 臺北市：崧燁文化事業有限公司，2022.07

面； 公分

POD 版

ISBN 978-626-332-477-0(平裝)

1.CST: 女性傳記 2.CST: 中國

782.22 111009485

歷史的一半是女人：先抖內才能一睹芳容 × 沒過這六關休想娶公主 × 從青樓搖身一變成將軍，一本屬於「她們」的故事

臉書

作　　者：賈飛

發 行 人：黃振庭

出 版 者：崧燁文化事業有限公司

發 行 者：崧燁文化事業有限公司

E-mail：sonbookservice@gmail.com

粉 絲 頁：https://www.facebook.com/sonbookss/

網　　址：https://sonbook.net/

地　　址：台北市中正區重慶南路一段六十一號八樓 815 室

Rm. 815, 8F., No.61, Sec. 1, Chongqing S. Rd., Zhongzheng Dist., Taipei City 100, Taiwan

電　　話：(02)2370-3310　　**傳　　真**：(02) 2388-1990

印　　刷：京峯彩色印刷有限公司（京峰數位）

律師顧問：廣華律師事務所 張珮琦律師

定　　價： 330 元

發行日期： 2022 年 07 月第一版

◎本書以 POD 印製